피터 드러커
어떻게 경영할 것인가

新版 ドラッカー・スクールで学んだ本当のマネジメント
藤田勝利 著
日経BP社 刊
2021

SHINBAN DRUCKER SCHOOL DE MANANDA HONTO NO MANAGEMENT
by Katsutoshi Fujita
Originally published in Japan by Nikkei Business Publications, Inc., Tokyo.

피터 드러커

어떻게 경영할 것인가

피터 드러커에게
직접 배운 경영의 본질

후지타 가쓰토시 지음 · 나지윤 옮김

The Lessons of Peter F. Drucker

비즈니스북스

옮긴이 **나지윤**

숙명여자대학교 언론정보학과를 졸업하고 일본 아오야마가쿠인대학 대학원에서 국제커뮤니케이션 석사학위를 받았다. 이후 잡지사 기자로 일했으며 번역 에이전시 엔터스코리아 출판기획 및 일본어 전문 번역가로 활동하고 있다. 옮긴 책으로는 《사업을 키운다는 것》, 《시골 카페에서 경영을 찾다》, 《어쩌다 팀장》 등이 있다.

피터 드러커
어떻게 경영할 것인가

1판 1쇄 발행 2022년 6월 21일
1판 2쇄 발행 2022년 8월 1일

지은이 | 후지타 가쓰토시
옮긴이 | 나지윤
발행인 | 홍영태
편집인 | 김미란
발행처 | (주)비즈니스북스
등 록 | 제2000-000225호(2000년 2월 28일)
주 소 | 03991 서울시 마포구 월드컵북로6길 3 이노베이스빌딩 7층
전 화 | (02)338-9449
팩 스 | (02)338-6543
대표메일 | bb@businessbooks.co.kr
홈페이지 | http://www.businessbooks.co.kr
블로그 | http://blog.naver.com/biz_books
페이스북 | thebizbooks
ISBN 979-11-6254-284-2 03320

* 잘못된 책은 구입하신 서점에서 바꾸어 드립니다.
* 책값은 뒤표지에 있습니다.
* 비즈니스북스에 대한 더 많은 정보가 필요하신 분은 홈페이지를 방문해 주시기 바랍니다.

비즈니스북스는 독자 여러분의 소중한 아이디어와 원고 투고를 기다리고 있습니다.
원고가 있으신 분은 ms1@businessbooks.co.kr로 간단한 개요와 취지, 연락처 등을 보내 주세요.

아무리 강하게 보이는 기업이라도
기본과 원칙을 지키지 않는다면 머지않아 무너진다.

_피터 드러커

세기를 넘어서도
변하지 않는 경영의 본질을 찾아서

뛰어난 비즈니스 아이디어는 많은 사람의 관심을 끈다. 이 관심이 실질적인 수요로 이어지는 세상에서 '사업'을 시작할 수 있다는 것은 큰 행운이다. 하지만 이것만으로 오랫동안 무너지지 않고 독보적인 위치를 지키는 기업을 만들 수는 없다. 기업의 생존은 실제로 어떻게 운영하고 만들어 나가느냐에 달려 있기 때문이다. 아무리 독창적인 비즈니스 아이디어라 한들 실행하는 사람들을 같은 방향으로 함께 움직이게 할 수 없다면 어떻게 될까? 단언컨대 결과는 실패뿐이다.

피터 드러커에게 경영을 배우다

나는 오래전, 서른 살이 되던 해에 미국 유학을 결심했다. 7년 넘게 다니던 회사도 그만두고 사비를 탈탈 털어 혼자 미국땅을 밟았다. 미국에서 경영의 모든 것을 체계적으로 공부하고 싶었다. 조직 혁신 업무를 담당했던 나에게는 늘 한 가지 의문점이 따라다녔다. 경영이나 사업에서 다양한 정책을 시행할 때마다 각론이 지나치게 중시된 나머지 모든 것이 세분화되는 현상이 의아했다. 왜 대부분 기업이 경영이라는 큰 숲은 보지 않고 비용 절감, 단기적 수익 등 나무에만 현미경을 들이대며 돈과 시간을 쏟아붓는 걸까? 재정과 관련된 정책은 물론 기업에 중요하다. 프로젝트 매니지먼트나 업무 개선을 위한 방법론도 의미가 있다. 하지만 날마다 컨설팅이나 벤처 사업을 진행하느라 악전고투하면서도 나는 본질적인 답을 찾고자 발버둥쳤다.

'좋은 경영은 대체 어떤 조건을 갖춰야 실현할 수 있는가?'

이 물음에 대한 답을 찾지 못하면 조직의 효율성(수익성)을 아무리 높여도 언젠가는 한계에 부딪힐 터였다. 때마침 고수익을 내던 다른 여러 기업이 휘청거리고 대규모 사업 투자로 실적이 한순간에 악화되는 사례가 잇따라 나타났다. 그러던 중 나는 피터 드러커가 쓴 《매니지먼트》를 읽게 되었고, 거기서 다음과 같은 문장을 발견했다.

아무리 강하게 보이는 기업이라도 기본과 원칙을 지키지 않는다면 머지않아 무너진다.

이 문장을 읽고 결심했다. 미국으로 유학을 가자고. 피터 드러커라는 사람의 경영 이론에는 내가 찾아 헤매던 답이 있으리라고 직감적으로 느꼈다. 그렇게 나는 경영의 기본과 원칙을 제대로 배우겠다는 일념 하나로 바다를 건너 캘리포니아주 클레어몬트 대학원대학Claremont Graduate University의 드러커 경영대학원Drucker School of Management에 들어갔다. 경영학의 아버지 피터 드러커가 30년 이상 교편을 잡았던 그곳에서 나는 그의 사상을 계승한 개성 넘치는 MBA 교수들에게 경영 이론 전반을 배웠다. 또 피터 드러커를 만나 경영의 본질에 대해 많은 이야기를 나눴다. 내가 드러커 경영대학원에서 배운 내용은 세상에 넘쳐 나는 피상적인 경영 이론들과는 전혀 달랐다. 철저히 본질을 추구했으며 동시에 누구든 바로 실행해 그 다음날 일의 성과를 바꿀 만큼 실용적이었다.

왜 아직도 피터 드러커인가

이 책은 기본적으로 피터 드러커가 제시한 경영 이론에 대해 설명하지만 단순한 설명의 나열로 끝나지 않는다. 나는 그동안 많은 사람에게 다음과 같은 질문을 받았다.

"동서고금을 막론하고 수많은 리더가 여전히 드러커의 철학에 공감하는 이유는 무엇인가?"

우선 이 부분부터 짚고 넘어가 보자. 1909년 오스트리아에서 태어난 드러커는 독일에서 공부한 뒤 영국으로 건너가 은행, 보험회사, 증권회사 등에서 일했다. 1937년 미국으로 이주한 뒤로 경영 컨설턴트, 교육가, 작가로서 기업계와 학계에서 왕성하게 활동했다. 격동의 20세기를 100년 가까이 살았던 그는 30년 이상 교편을 잡고 삶을 영위해 온 미국 클레어몬트에서 2005년, 96세 생일을 눈앞에 두고 별세했다. 당시 내가 졸업한 이듬해였는데 클레어몬트에서 열린 학교장葬에 참석했을 때 쇄도하는 추모 메시지를 보며 그가 주변 사람들에게 큰 존경을 받았고 눈을 감는 마지막 순간까지 사회에 선한 영향력을 끼쳤음을 실감했다.

드러커의 경영 이론은 이미 세계 곳곳에 퍼져 있다. 잭 웰치, 빌 게이츠부터 스티브 잡스, 에릭 슈미트, 리드 헤이스팅스까지 글로벌 기업의 경영자들은 물론 학교나 정부 기관 같은 공공 기관의 리더들도 드러커의 책을 읽는다. 미국 실리콘밸리의 스타트업 중에도 그의 이론을 경영의 토대로 삼는 회사가 많다. 국가, 업종, 조직을 불문하고, 또 시대를 뛰어넘어 이토록 많은 리더가 드러커의 이론을 지지하는 이유는 무엇일까? 몇 가지를 살펴보면 다음과 같다.

1. 경영 전반을 다루는 통합성과 일관성

드러커의 이론은 경영의 모든 것을 다룬다. 업무, 비전, 사업 환경 변화, 전략, 혁신, 마케팅, 리더십, 조직문화, 동기부여, 회계, 관리, 커뮤니케이션, IT 기술에 관한 것까지 그야말로 경영을 아우르는 주제 전체를 총망라한다.

이렇게 여러 주제를 광범위하게 다루다 보면 중심축이 흔들리곤 하는데 드러커의 이론만은 예외다. 아무리 다양한 분야를 다루더라도 중심축이 굳건하다. 그 중심축이란 그가 일관되게 탐구해온 본질적인 주제인 '기업은 무엇을 위해 존재하는가', '사람과 세상은 경영과 매니지먼트를 통해 어떻게 행복해질 수 있는가'다.

이처럼 드러커의 이론에는 통합성과 일관성이 있다. 경영학의 연구 주제가 지나치게 세분화된 나머지 본래 목적을 놓치기 쉬워진 요즘 시대에 이 점은 특히 더 주목할 만하다. 또 사람들이 "드러커 책을 읽으면 경영의 핵심을 종합적으로 배울 수 있다."라고 말하는 이유다.

2. 본질을 꿰뚫는 통찰력

"곁가지는 건너뛰고 곧바로 본질을 건드린다."

많은 사람이 드러커에 대해 내리는 평가다. 그는 어떤 일을 실행할 때 가장 중요한 부분, 이른바 주제의 본질을 곧바로 짚어 낸다. 어떻게 그게 가능할까? 인간과 사회에 대한 폭넓은 교양을 갖춘 덕분이다. 그는 회계 숫자만이 아니라 심리, 사회, 역사, 철학, 경제, 문화, 정치 등 방대한 지식을 융합한다. 그런 다음 이를 토대로 '기업·조직·근로자는 어떻게 행동해야 하는가'라는 고찰을 끌어낸다. 이것이 드러커의 방식이다. 그가 항상 "경영은 교양 과목이다."라고 강조한 것도 같은 맥락이다.

숫자만 중시하지도, 그렇다고 숫자를 경시하지도 않으면서(드러커는 기업 윤리나 사회적 책임을 강조하는 한편 통계 및 회계의 중요성도 말했다) 사람과 사회의 전체상을 조망했기에 그는 경영의 본질을 정확히 파악할 수 있었다. 드러커는 숨을 거두는 그날까지 경영, 역사, 정치, 문화, 심리, 예술 등 폭넓은 분야에 대한 배움의 끈을 놓지 않았다.

동시에 다양한 주제로 학생들을 가르쳤다. 도출해낸 드러커의 경영 원칙이 수많은 경영자에게 본질을 꿰뚫는 조언으로 다가오는 이유는 바로 이러한 광범위한 연구 끝에 도출해 낸 정수만이 담겨 있기 때문이다.

3. 이념과 실천의 균형

드러커는 대학에서 강의하는 한편 대기업, 중소기업, 비영리 조직, 스포츠팀, 학교, 병원 등 여러 조직을 대상으로 경영 컨설팅을 했으며 기업가 및 경영자들과는 오랜 시간 멘토로서 함께 일했다. 언뜻 보면 그를 상아탑에 갇힌 학자로 생각하기 쉽지만 실은 학계와 거리를 두고 현장을 위해 줄곧 일해 온 사람이었다. 그는 애초에 경영의 개념이나 용어를 세상에 알리는 데는 관심이 없었다. 학계로부터 자기 연구를 평가받는 데 목매지도 않았다. 오로지 현장에서 일하는 사람을 향해 글을 쓰고 말했다.

한마디로 그의 경영 이론은 이해해야 하는 단순한 이론에서 그치지 않고 실제 업무에서 성과를 도출하는 도구가 된다. 즉 '어떻게 이론을 현장에 적용할 것인가', '적용하여 도출된 결과를 어떻게 검증할 것인가'라는 현실적인 측면을 중시한다. 이렇듯 이념과 실천의 양립과 균형이야말로 드러커 이론의 특징이다.

4. 시대를 뛰어넘는 보편성

20세기를 살았던 드러커는 현재 일어나는 변화 속에서 미래를 바라보았다. '앞으로 2~3년간 수익을 어떻게 창출할 것인가', '경쟁에서 어떻게 승리할 것인가'라는 질문에서 한 발 더 나아가 '수십 년 동안 지속될 중요한 변화의 흐름은 무엇인가', '기업이 앞으로도 꾸준히 발전하는 데 필요한 경영 원칙은 무엇인가'를 고민했다.

20세기에 드러커가 남긴 말은 지금도 유효하다. 수십 년 전에 출간된 그의 책을 지금 읽어도 자신의 회사에서 일어나는 일 같다거나 현시대를 이야기하는 듯한 느낌이 드는 건 이 때문이다. 역사의 큰 흐름을 토대로 구축된 드러커 이론은 그만큼 설득력이 있고 시대를 초월해(오히려 시대가 변하고 있기에 더더욱) 우리에게 많은 깨달음을 준다. 이 또한 그의 이론이 가진 특징 중 하나다.

이처럼 드러커의 경영 이론에는 그만의 독보적인 특징들이 있다. 그것이 바로 동서양을 불문하고 수많은 리더가 여전히 그의 저서를 탐독하는 이유일 것이다.

내가 속한 세계를 경영한다는 것

우리는 인생의 많은 부분을 '조직'이라는 곳에서 보낸다. 기업, 지자체, 비영리 조직, 정부 기관만이 조직은 아니다. 학교와 커뮤니티, 나아가 가정까지도 사람들이 모인 곳이면 어디든 하나의 조직이라 부를 수 있다. 이렇게 우리는 늘 조직에 속해 있거나 조직과 함께 일하며 살아간다. 그런 관점에서 보면 우리가 몸담은 조직을 어떻게 경영할 것인가는 인간에게, 나아가 우리가 사는 세상에 지극히 중요한 주제라 할 수 있다.

회사, 학교, 가족, 지자체 안에서 더불어 사는 우리 모두에겐 경영 능력이 필요하다. 사람이 함께 더불어 살며 협력하고 행복 추구의 목적을 이루기 위해 누구나 알아야 할 교양이 바로 경영이다.

경영은 이론이나 지식을 공부한다고 쉽게 배울 수 있는 게 아니다. 실무 경험을 쌓는다고 저절로 알게 되는 종류의 지식도 아니다. 조직을 책임지는 사람들은 성격과 업무 스타일이 각양각색이지만 공통된 기본과 원칙을 가지고 있다. 여러분이 그동안 몸담았던 조직, 함께 일했던 리더들을 떠올려 보기 바란다. 저마다 유형은 다르겠지만 일하기 편하고 동기부여도 잘 되어 좋은 결과가 나왔던 조직이나 리더가 있었을 것이다. 이 책은 성공하는 경영에 필요한 기본과 원칙이 무엇인지 실제 사례와 함께 알려 주고자 썼다.

이 책의 목차만 보면 마케팅과 회계 등 일반적인 경영서의 구성을 띠고 있지만 내용은 각각의 주제가 경영 이론과 어떻게 연결되는지를 다루고 있다. 뒤에서 자세히 설명하겠지만 경영의 핵심 요소들은 인체 구조와 같이 유기적으로 연결되어 있기 때문이다.

경영의 진정한 의미를 배우려면 각 분야가 어떻게 연계해 전체적으로 작동하는지 알아야 한다. 실제 기업을 들여다보면 부서 간 단절로 각 조직의 업무 능력이 뛰어남에도 전체적으로 성과가 나오지 않는 경우가 흔하다. 경영의 부분과 전체를 아우르는 시각을 키워야 하는 이유가 바로 여기에 있다. '경영이란 무엇인가'라는 큰 그림을 염두에 두고 각각의 주제를 읽어 주길 바란다.

이 책은 드러커의 경영 이론을 단순히 학술적으로 정리한 책이 아니다. 이 책의 목적은 드러커가 이야기한 중요한 경영의 원칙들을 실무에 적용하고 실천해 성과를 내도록 하는 것에 있다. 드러커가 강조했듯 경영은 실천이다. 실천하지 않는다면 아무런 가치가 없다.

나는 드러커 경영대학원을 졸업한 이후 15년 이상 실무 경험을 거쳐 이 책을 집필했다. 벤처 기업 임원으로서 사업을 추진하거나 기업 대상 경영 컨설팅, 리더 육성 사업, 강의 활동 등을 하면서 대학원에서 배운 내용을 현장에서 검증할 기회가 많았다. 이 책의 장마다 실린 사례는 내가 경험한 일들을 토대로 적은 것이다. 어느 조직에서나 빈번하게 일어나는 사례를 살펴보면 예외 없이 중요한 경영 원칙들이 숨겨져 있었다. 나는 지금껏 겪은 기업 경영의 실패와 성공 사례들을 모두 돌이켜 보면서 중요한 경영 원칙들을 다시 한번 깨닫게 되었다.

　이 책을 통해 경영한다는 것이 '내가 속한 세상의 미래를 만들어 가는 일'이라는 사실을 많은 사람이 깨닫기를 바란다. 현재 자기 위치에서 진정한 경영을 실천해 나간다면 각자가 속한 조직과 세상을 올바른 방향으로 바꿀 수 있음을 말이다. 경영은 바로 그런 일이다.

　경영자, 중간 관리자, 실무자를 비롯해 경영을 공부하는 학생에 이르기까지 조직이나 팀을 좋은 방향으로 이끄는 데 관심 있는 독자에게 이 책이 실질적인 도움이 되리라 확신한다. 변하지 않는 경영의 원칙을 배우는 여정에 여러분과 함께하게 되어 무척 영광이다. 지금부터 누구나 당장 실천할 수 있는 교양으로서의 경영을 배우는 여정을 시작해 보자. 새로운 발견과 깨달음이 가득한 시간이 될 것이다.

서장

어떻게 경영할 것인가

조직을 이끄는 매니저manager로서 성과를 올리는 데 가장 필요한 역량은 무엇일까? 바로 매니지먼트, 즉 경영이란 무엇이며 어떤 일을 해서 어떻게 성과를 만들어 낼지 생각하는 것이다. 그러나 안타깝게도 대다수 매니저가 이런 고민 없이 하루하루 쫓기듯 그냥 일하곤 한다.

"A 기업의 저조한 실적은 경영 리스크 때문이다.", "승진을 위해서 매니지먼트 역량을 키웠으면 좋겠다."처럼 조직 내에서는 경영 혹은 매니지먼트라는 단어가 자주 쓰이다 못해 넘쳐 난다. 하지만 경영의 본질적인 의미를 알고 그에 맞게 쓰는 사람이 과연 얼마나 있을까? 또한 모든 사람에게 매니지먼트라는 단어가 같은 의미로 공유되고 있을까? 나는 그동안 수많은 기업가에게 컨설팅을 해 왔는데, 늘 다음과 같은 질문을 던졌다.

"여러분이 생각하는 매니지먼트의 정의를 남이 이해하기 쉽게 적어 보세요."

그들 중 간단명료하게 매니지먼트를 제대로 정의한 사람이 얼마나 있었을까? 놀랍게도 거의 없었다. 그만큼 우리는 평소에 매니지먼트라는 용어를 일상적으로 쓰면서도 정작 그 뜻을 명확하게 이해하지 못하고 있다.

매니지먼트라는 용어는 관리자가 의사결정을 내릴 때 혹은 인사 평가를 할 때 흔하게 사용된다. 직원의 연봉이나 조직의 실적을 판단할 때도 마찬가지다. 그러나 매니지먼트는 비단 조직 안에서만 의미를 갖는 말이 아니다. 매니지먼트는 가족을 포함해 사람이 모인 곳이라면 어디에서든지 필요하며 우리 삶에 지대한 영향을 끼친다. 그런데도 정작 그 말의 의미를 제대로 알지 못하고 엉뚱한 해석으로 오해를 하기도 한다. 바로 이 지점에서 문제가 발생한다.

내가 미국으로 유학을 가기 전 근무했던 외국계 컨설팅 회사에서는 BPRbusiness process reengineering(업무 재설계), KMknowledge management(지식 경영), SFAsales force automation(영업 자동화) 같은 용어가 흔하게 쓰였다. 이러한 기법들이 매니지먼트의 혁신을 이루어 낼 거라며 야단법석이었다. 중요한 내용이긴 했지만 나는 의구심을 떨치기 힘들었다. '좋은 경영, 좋은 매니지먼트란 무엇인가'라는 질문에 대한 명확한 답도 없이 방법론을 논하는 것이 과연 바람직한가? 설령 업무 효율성이 일시적으로 높아진다고 해도 경영의 목적이 모호한데 방법론만 도입한다고 기업이 진정 성장했다고 볼 수 있는가? 내 대답은 '그렇지 않다'였다. 그래서 경영에 대한 제대로 된 정의와 매니지먼트의 목적은 무엇인지부터 짚고 넘어갈 필요가 있었다.

'관리'의 늪에 빠진 조직들

일반적으로 매니지먼트는 '관리'로 번역되곤 한다. 하지만 관리라는 단어는 어딘가 고압적이며 차가운 분위기를 풍긴다. 실제로 기업에서 발생하는 많은 문제가 매니지먼트와 매니저를 '관리' 그리고 '관리자'로 생각하는 데서 비롯된다. 매니저가 프로세스나 질서를 유지, 감시, 관리하는 사람으로 인식되는 것이다. 본래 매니저는 창조적인 업무를 하는 사람임에도 말이다. 이처럼 대다수의 사람이 가진 관리의 개념은 매니지먼트의 본래 뜻과는 거리가 있다.

특히 대기업을 중심으로 한 우량 기업일수록 관리를 과거에 이룬 성공을 유지하기 위해 만든 시스템으로 여기고 그대로 이행하는 데 집중한다. 그렇게 조직원들이 주어진 규정 안에서만 일하다 보면 혁신을 일으키는 힘과 혁신을 이룬 후에 뒤따르는 보람이 저하되고 만다. 회사가 관리에 더 치중하면 할수록 활력 있고 창조적인 조직에서 멀어지는 딜레마에 빠지는 것이다. 여러분이 몸담은 기업에서 다음과 같은 현상이 나타나고 있는지 확인해 보기 바란다.

- 매니저나 직원이 제품이나 서비스 가치를 고객에게 전달하거나 고객가치를 깊게 탐구하는 일이 줄어든다(억지로 떠밀리듯 일한다).
- 사내의 권한, 규정, 관습, 제도 등이 우선되는 경향이 심해진다.
- 조직의 수직 구조가 견고해지고 수평적 관계가 줄어든다.
- 비전을 공유하고 적극적인 커뮤니케이션을 통해 직원들에게 동기 부여를 해야 하는 매니저가 현장 업무에 시간을 지나치게 뺏기는 플레잉 매니저playing manager로 변해 간다.
- 결국 직원 개개인은 성실하게 근무해도 조직 내부에서 참신한 아이디어나 혁신안이 나오기 힘들어지고 성과를 유지·향상시키기 어려워진다.

위의 항목은 회사가 직원들을 과도하게 규칙이나 시스템으로 관리했을 때 발생하는 현상이다. 회사 입장에서는 바람직하다고 생각해 도입한 관리 시스템이 인간이 본래 가진 자발성 혹은 창조성을 저해하는 결과를 초래하기도 한다. 드러커의 매니지먼트 이론은 이러한 현상을 극복하고자 했다.

기억하라, 조직은 살아 있는 생물이다

사람이 가진 강점을 최대한 살려 경제적·사회적으로 가치 있는 성과를 올리는 것이 경영의 본질이다. 물론 경영의 요소로서 관리와 통제도 일정 부분은 필요하다. 자원을 생산적으로 활용하고 직원이나 고객, 그리고 사회에 악영향을 미치는 일이 없도록 명확한 규칙을 세워 관리하는 일도 필요하다. 실제로 드러커의《매니지먼트》를 보면 관리control에 대한 항목이 나온다. 경영 리스크를 피하고자 규칙이나 기준을 엄격히 세워 관리하는 일은 중요하지만 이는 매니지먼트의 일부분에 지나지 않는다. 상황 변화에 따라 관리 방침은 언제든 유연하게 바꿔 나갈 수 있다.

   여러 조직을 만나다 보면 어느 조직이든 "목표는 많지만 목적은 거의 없다."라는 말을 하곤 한다. 규칙을 만들고 할당량을 늘려 관리를 강화하면 일시적으로 실적이 오르거나 직원들의 행동이 개선되는 성과가 나올지 모른다. 목표치를 달성하는 데 어느 정도 효과를 보는 것도 사실이다. 그러나 매니지먼트를 관리의 동의어로 보는 건 대단히 잘못된 생각이다.

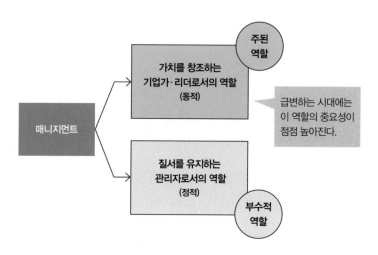

◈ 매니지먼트의 두 가지 역할

창조를 촉진하는 것이 매니지먼트의 주된 역할이며 관리는 그 과정에서 필요한 부차적인 요소다.

나는 위의 그림을 가지고 조직의 리더들과 이야기를 나누면서 여러 조직이 똑같은 함정에 빠져 있음을 알게 되었다. 주객이 전도되어 관리가 매니저의 중심 업무가 되고 새로운 가치를 창조하는 기업가 및 리더로서의 업무가 부차적인 요소가 되어 버린 조직이 많았던 것이다. 이런 상태에서는 아무리 좋은 시스템을 도입해도 기대만큼 성과를 낼 수 없다.

새로운 사업을 시작하는 순간부터 관리를 시작하는 조직은 없다. 사업을 시작할 때는 조직의 사명과 목적에 부합하는 가치를 창조하는 데 집중해야 한다. 그리고 그 이후에 사업을 영위해 나가는 데 필요한 요소들을 관리해야 한다. 관리란 가치를 계속 창조하기 위해 필요한 것이다.

만약 매니저가 관리 업무에 과도하게 시간을 할애한 나머지 본인을 비롯해 직원들까지 창의적인 업무에 에너지를 쓰지 못한다면 어떻게 될까? 관리하는 목적에 해당하는 가치 창출이 요원해지고 어디까지나 수단에 불과한 관리 업무만 눈덩이처럼 불어나 일하는 사람들의 사기마저 저하될 것이다. 모름지기 사람이 모이면 관리가 중요해진다. 이는 조직이 가진 특성이기도 한데 매니저는 이러한 특성에 맞서 조직 본래의 사명, 목적, 가치를 직원들에게 상기시키고 업무 수준을 높일 책임이 있다. 이를 위해 경영이라는 교양을 배우는 것이다.

이 책을 읽으면 기술이 눈부시게 발전하고 사람들이 일하는 방식과 직장 환경이 급변하는 지금 시대일수록 탁월한 조직행동을 설계하는 경영에 능한 인재가 절실히 필요하다는 사실을 알게 될 것이다. 인공지능 기술이 발전하면 '관리자'의 역할은 불필요해진다. 그러나 이 책에서 다루는 '매니저'의 역할은 오직 인간만이 할 수 있다. 기계처럼 변해 버리기 쉬운 조직에 창조성이라는 생명을 불어넣는 것이 바로 경영의 역할이다.

경영을 단순히 관리라고 파악하면 목표관리제도나 평가시스템 같은 관리 방법이 만병통치약처럼 느껴진다. 기계적으로 조직에 도입하기만 하면 당장이라도 성과가 나올 것만 같다. 그러나 경영을 창조라고 생각하면 어떨까? 전혀 다른 과제들이 떠오른다. 사회, 인간, 조직, 기술, 심리, 역사, 통계 등 폭넓은 분야를 배워야 할 것이다. 회사나 조직은 결국 살아 있는 인간이 모인 집단이기 때문이다. 그곳에 모인 사람들의 능력을 최대한 끌어내 창조적이고 생산적인 성과를 내도록 하려면 인간과 사회에 관한 폭넓은 식견과 감성이 필요하다.

피터 드러커가 강조한 일곱 가지 경영 핵심

이 책은 총 일곱 개의 장으로 구성되어 있다. 드러커의 경영 이론 중 그가 생전에 끊임없이 강조했던 일곱 가지 주제를 고르고 드러커 경영대학원에서 배운 수업 내용을 담았다. 각 주제 간 관련성을 보여 주기 위해 서로 연결시킨 그림으로 만들었다(31쪽 그림 참조). 이 그림이야말로 경영의 본질적인 의미를 전달하는 데 안성맞춤이라는 생각이 든다. 눈치 빠른 사람은 바로 알아챘겠지만 이 그림은 인간의 형상을 하고 있다. 경영의 각 주제는 혈관이나 신경계로 긴밀하게 연결되어 인간의 몸과 마찬가지로 하나씩 떼어서 생각할 수 없기 때문이다.

먼저 제1장에 나오는 '자기경영'은 인간으로 치면 심장에 해당한다. 아무리 업무 능력이 탁월하고 지식이 많아도 매니저 자신

◆ 드러커의 일곱 가지 경영 핵심

제2장
리더의 경영 목적
【사고하는 두뇌】

제3장
마케팅
【팔】

제1장
자기경영
【심장】

제4장
혁신
【팔】

제6장
조직문화
【몸통】

제5장
회계
【다리】

제7장
**디지털 시대의
커뮤니케이션**
【다리】

의 의도, 가치관, 강점 같은 인간적인 부분을 직원들에게 전달하지 못하면 조직은 성장하지 않는다. 직원이 높은 정서지능을 가진 능력자라도 매니저의 진심이나 열정을 100퍼센트 느끼긴 어렵다. 그러므로 매니저는 자신의 생각과 가치관을 적극적으로 표현할 필요가 있다. 직함이라는 가면을 쓴 내가 아닌 '있는 그대로의 나'

의 모습을 보여 주는 것이다. 그래야 자신의 생각이나 가치관을 상대방에게 온전히 전할 수 있다. 인간에게 심장이 무엇보다 중요한 기관이듯 자기경영은 조직을 경영하는 데 가장 필수적인 요소다. 제1장에서 자기경영이 어떤 상황에서 필요한지를 생생한 사례를 곁들여 설명할 것이다.

제2장에서는 리더가 어떤 관점에서 조직의 목적을 설정하고 방향을 잡아야 하는지 알아본다. 31쪽 그림의 두뇌에 해당하는 부분이다. 사고는 두뇌의 영역이지만 심장에서 멀리 떨어지면 문제가 발생한다. 조직의 목적을 생각하는 '사고'와 인간적인 '열정'이 분리되면 리더로서 조직의 목적에 진심으로 관여하기 어려울뿐더러 직원들의 마음을 움직이는 메시지도 만들지 못한다. 제2장에서는 우수하다는 평가를 받는 인재가 조직이나 팀을 이끌게 되었을 때, 목적을 설정하는 과정에서 범하기 쉬운 실수를 다룬다. 여러분의 경험과 비교하며 읽어 주기 바란다.

제3장과 제4장에서 다룰 마케팅과 혁신은 고객가치 창조와 연관된 내용으로 드러커의 경영 이론에서 무척 중요한 주제다. 민간 기업이든 비영리 조직이든 모든 조직의 목적은 고객가치를 창조하는 것이다. 고객가치를 창출하는 데 실패하면 아무리 위대한 목적을 설정해도 그 조직은 성과를 낼 수 없다.

인간 형상의 팔에 해당하는 이 두 가지 주제는 고객가치 창조라는 같은 목적을 갖지만 결정적인 차이점이 있다. 고객이 '지금 원하는 가치'를 파악해서 그것을 제공하는 것이 마케팅이라면 고객조차도 미처 인식하지 못한 '새로운 가치'를 창출하는 것이 혁신이다.

마케팅은 고객의 목소리를, 혁신은 사회에서 일어나는 변화를 토대로 이루어진다. 고객가치를 창조하려면 두 가지를 균형 있게 실천해 나가야 한다. 팔 역시 다른 신체 부위와 마찬가지로 홀로 움직이지 않는다. 목적, 가치관, 소망, 열정과 연관되어 동작을 취한다. 아무리 획기적인 마케팅 기법을 도입하고 혁신을 한다 해도 조직의 사명과 목적, 조직원의 가치관과 동떨어져 있다면 소용이 없다. 실행하는 당사자가 마음이 내키지 않는데 고객의 마음이 움직일 리 만무하다. 마케팅도 혁신도 결국 조직의 목적이나 직원의 보람과 연결된다.

제3장과 제4장을 읽으며 마케팅과 혁신의 본질이 무엇인지 고민해 보기를 바란다.

제5장에서는 회계를 다룬다. 경영진에서 말단 직원에 이르기까지 회계 처리 능력, 정보 활용 능력이 뛰어난 조직은 빠르게 움직인다. 매출, 비용, 이익, 자본 등을 직감적으로 파악하여 새로운 기술에 관심을 두는 회사는 시스템의 도입·활용·검증도 신속하게 이루어져 정보 교환이나 커뮤니케이션도 수월하게 해낸다.

제6장은 조직원에게 동기부여를 할 수 있는 조직문화를 다룬다. 제5장부터 제7장까지, 인간 형상의 하반신을 담당하는 부위

중 몸을 지탱하고 중심을 잡는 부위인 '몸통'에 해당한다. 제6장에서는 좋은 조직문화를 만드는 데 필요한 핵심 요소들을 다른 주제와 연관 지어 설명할 것이다.

제7장은 디지털 시대의 커뮤니케이션에 대해 다룬다. 아무리 비싸고 좋은 IT 기술, 정보시스템이라도 커뮤니케이션이 원활하지 않은 조직에서는 무용지물에 불과하다. 이 장에서는 정보와 기술을 효과적으로 사용하기 위해서는 커뮤니케이션이 어떻게 이루어져야 하는지 이야기한다.

물론 두 다리가 튼튼해야 다른 부위에서 힘을 낼 수 있다. 그렇지만 다리를 단련하는 것이 경영의 목적은 아니다. 다리가 튼튼해야 하는 것은 어디까지나 경영의 목적을 실현하고 고객의 가치를 창출하기 위해서다. 오늘날 조직에서 다리를 다른 부위보다 우선시하는 경향을 보이는데 매우 우려스럽다. 어떤 직장인이 인간의 형상 그림을 보며 "우리 회사는 오른발만 비대하네."라고 말한 적이 있다. 이처럼 제5장과 제7장을 읽을 때는 몸담은 조직에서 건강한 조직문화와 공통의 목적의식을 가지고 회계와 기술, 그리고 커뮤니케이션을 다루고 있는지 확인해 보기 바란다.

이 책에 담긴 매니지먼트의 일곱 가지 주제들은 인체 구조와 마찬가지로 유기적으로 연결되어 있다. 이 점이야말로 내가 배운 드러커식 매니지먼트의 특징이자 더없이 귀중한 가치라 할 수 있다.

차례대로 읽지 않아도 된다. 관심 있는 주제의 장부터 차근차근

읽어 보기 바란다. 지금부터 매니지먼트라는 깊고 넓고 촘촘하게 연결된 세계로 여러분을 초대한다.

제1장

나를 대체할 수 없게
만들어라

'자기경영'이라는 말을 들으면 어떤 이미지가 떠오르는가? 이를 '자기 관리'로 해석하면 매일 아침 일찍 일어나거나 운동을 하는 것처럼 규칙적으로 자신을 관리한다는 의미로 받아들이기 쉽다. 그러나 피터 드러커의 경영 이론이 다루는 자기경영의 본질적인 의미는 이와 다르다. 글자 그대로 '나라는 희소한 자원을 최대한 활용해 성과를 올린다'는 뜻이다.

 드러커는 《피터 드러커의 자기경영 바이블》에서 이렇게 밝힌 바 있다.

일류가 되려면 우선 자기 강점을 알아야 한다. 그런 다음 일하는 방식, 학습 방법, 가치관을 알아야 한다. 자신을 알면 내가 어디에 필요하며 어디에 공헌해야 하는지가 명확해진다.

매니저가 일단 '나'라는 자원을 객관적으로 분석해야 조직의 리더로서 팀원들의 역량을 살리고 성과를 올리는 비전과 원칙을 세우게 된다는 말이다.

안타깝게도 요즘은 대다수 매니저의 심신 피로도가 극에 달해 있다. 과도하게 세분화된 업무 규칙, 번잡한 사무 처리, 감정 소모적인 인간관계, 잦은 인사이동과 순환근무 탓이다. 그들은 본래 자신이 지향하던 바와 동떨어진 업무를 수행하는 경우가 많다. 그러나 드러커는 "자기 자신을 경영하지 못하는 사람은 조직 경영에도 실패하게 된다."라고 일관되게 이야기했다. 드러커 경영대학원에서 자기경영 강의를 담당하는 제러미 헌터Jeremy Hunter 교수는 수많은 학생과의 토론에서 다음과 같은 결론을 내렸다.

"많은 매니저가 자기 외부 업무에 치중한 나머지 자기 스스로를 경영할 여력이 없다."

자기 내부의 감정이나 의도가 억눌려 본래의 자신을 드러내지 못하면 아무리 탁월한 말솜씨로 훌륭한 프레젠테이션을 준비해도 상대방이 '이 사람이 진심으로 자기 생각을 말한다'는 인상을 받지 못한다. 조금 과장하면 그저 성능 좋은 인공지능 스피커가 말한다는 느낌을 받을 가능성이 크다. 말하는 내용에 감탄할 수는 있어도 감동하지는 않는다. 결과적으로 조직 전체를 움직이는 에너지가 생기지 못한다. 인간은 마음이 움직일 때 스스로 움직이는 존재이기 때문이다.

물론 조직에 속한 이상 원하는 일만 할 수는 없다. 매니저라면 더더욱 여러 방면에서 갖가지 제약과 스트레스를 받을 것이다. 그렇더라도 조직에 가장 큰 영향을 미칠 수 있는 희소 자원인 '나'를 활용해 최대치의 성과를 이끌어 내는 방법을 고민해야 한다. 그것이야말로 모든 매니지먼트의 시작이다.

드러커 경영대학원에 다니는 학생들은 수많은 강의를 통해 조직이나 사업의 매니지먼트뿐 아니라 자신의 의도, 가치관, 강점을 인식하는 다양한 질문과 마주한다. 이번 장에서 그 질문들을 드러커가 가르쳐 준 소중한 메시지와 함께 전하고자 한다.

먼저 다음 사례를 읽어 보자.

CASE **'맞지 않는 옷'을 입은 영업사원의 수난**

중견 식품 회사에 근무하는 A(36세)는 14년 차 영업사원이자 아내와 다섯 살, 두 살 난 딸이 있는 4인 가족의 가장으로 주말에는 딸들과 시간을 보내고 평일 밤에는 달리기를 한다. 타고난 자상함과

호감 가는 성격으로 고객 및 거래처의 신뢰를 받으며 3년 연속 지역 영업 실적 톱 5에 든 능력 있는 직원이기도 하다.

그는 1년 전 인사이동으로 본사 경영관리팀으로 갔다. 회사에서는 그에게 조직 전체를 관리하는 능력을 키우기를 기대하는 눈치였다. 영업팀과 관리팀은 업무 내용이나 방식이 천지 차이라 인사 결과에 당황했으나 동기들이 부러워하는 출세 코스였기에 그는 스스로 심기일전하여 옮긴 팀에서도 놀라운 성과를 내겠다는 의욕을 불태웠다.

지금까지 그는 영업팀 리더로서 팀이 나아가야 할 방향과 목표를 설정한 뒤 고객과 신뢰 관계를 구축해 성과를 내왔다. 젊은 직원들에게 대화를 통해 동기부여를 하는 것도 잊지 않았다. 그런데 관리팀에서는 이런 업무 방식을 지속하기가 어려웠다. 전화 한 통 울리지 않는 고요한 사무실에서 들리는 소리라곤 오직 직원들이 키보드를 두드리는 소리뿐이었으며 직원들은 업무 시간 대부분을 엑셀 시트와 문서를 작성하고 통계와 데이터를 분석하는 데 할애했다.

직속 상사인 B 부장은 관리팀의 25년 차 베테랑으로, 단어나 문서 서식 등을 꼼꼼하게 체크하는 타입이었다. 업무 내용은 물론, 자리 비우는 시간과 점심 먹는 시간까지 신경을 썼는데 직원들을 철저히 관리하는 방식이 경영진에게 좋은 평가를 받아 부장까지 승진한 터였다. 그러나 A와는 성격이 맞지 않아 함께 점심을 먹을 때도 대화 중 어색한 침묵이 이어지기 일쑤였다.

"지금까지 영업팀에서 얼마나 성과를 올렸든 관리팀에 소속된 이상 지난 성과에 상응하는 결과를 내야 합니다. 회사는 직원의 종합적인 능력을 평가하니까요." B 부장은 이렇게 말했다. A는 정신이 번쩍 드는 느낌이었다. 성과에 대한 압박감은 점점 그의 목을 조여 왔다. 오랫동안 영업팀에서 일해 온 그로서는 내부 관리나 판매관리비 삭감 등 관리팀의 프로젝트를 진행하는 데 필수적인 지식이 턱없이 부족했다. 어떻게든 관리팀에서도 좋은 평가를 받고자 그는 날마다 한 시간 일찍 출근하고 밤에는 막차 시간이 될 때까지 일했다. 관리팀에 소속된 이상 관련 지식을 반드시 익혀야 한다고 자신을 채찍질했고 초과근무도 마다하지 않았다. 그 결과 평일 퇴근 후 즐기던 운동은 물론 주말에 딸들과 보내는 시간도 확연히 줄어들었다.

A는 영업팀 시절에 친분을 쌓은 고객들과 오랜만에 모임을 가졌다. 영업팀도 함께 자리했다. 예전 같으면 눈을 반짝이며 열정적으로 의견을 나누었을 신상품이나 프로젝트 주제에 관해 "관리자로서는 좋게 전망하기 어렵네요", "투자 대비 효과가 미비해 보여요."라며 찬물을 끼얹는 발언을 잇달아 내뱉었다. 고객과 1차 모임이 끝난 뒤 영업팀 부하 직원들과 가진 2차 회식에서도 A는 대화 족족 재를 뿌리며 분위기를 썰렁하게 만들었다. 참다못한 부하 직원들이 "관리팀에 가시더니 많이 변하셨네요."라고 이야기할

정도였다. A는 "영업팀에 있는 너희들이 뭘 안다고?"라고 말하며 코웃음을 쳤다.

그렇게 매일 회사일에만 매달리다 보니 가정에도 불화가 생겼다. 가족 간의 대화는 점점 줄어들었고 집안 분위기는 냉랭해져만 갔다. 부서 이동 후 8개월, 여전히 업무에 익숙해지지 않았고 스트레스가 가중되는 나날이 이어졌다. A는 부하 직원에게 질문할 때마다 '이런 것도 아직 모르나…' 하고 자신을 비웃는 것만 같아 괴로웠다. 영업팀 엘리트라는 자부심은 무너지고 극도로 말수가 줄어들었다. 사람 만나기를 꺼리고 점심을 혼자 먹는 날도 많아졌다.

그러던 어느 날 관리팀 동기를 통해 B 부장이 자신을 노골적으로 깎아내리고 있다는 소문을 들었다.

"영업 실적이 좋아 관리팀으로 스카우트했는데 실수였네요. 기본적인 일 처리도 제대로 하지 못해요. 우리 팀에 전혀 도움이 되지 않고 있어요."

A는 갑자기 뒤통수를 얻어맞은 느낌이었다. 누구에게도 손을 내밀지 못하는 상황. 그는 점점 고립되어 갔다.

• • •

강점, 나라는 자원의 희소한 가치

정도의 차이는 있지만 위와 같은 사례는 조직에서 빈번하게 발생한다. 특히 일부 기업들은 '순환근무' 혹은 '로테이션'이라는 명목하에 직원들을 다양한 부서로 이동시켜 경영 마인드를 심어 주려는 경향이 있다.

순환근무가 무조건 나쁘다는 이야기는 아니다. 경제가 순조롭게 성장하는 상황에서는 특정 분야에 뛰어난 스페셜리스트보다 부서 전반에 걸쳐 풍부한 지식과 경험을 가진 제너럴리스트가 더 높은 평가를 받는다. 하지만 지금은 급변하는 사회다. 시장은 포화 상태고 기업은 창조적인 혁신을 거듭해야 살아남을 수 있다. 그리고 그중에서 가장 중요한 것이 리더와 인재가 가진 강점, 특수 지식, 가치관, 윤리관이라는 자원이다. 성장하는 기업의 리더는 이러한 강점을 내세워 독창적인 서비스와 제품을 세상에 선보인다. 그런데 수직적이고 획일화된 조직문화가 강한 기업일수록 직원이 자신의 개성과 독창성을 제대로 발휘하지 못하게 된다.

순환근무를 통해 인재를 육성할 때 회사는 인재가 가진 강점이나 가치관 등을 고려해 인사를 결정해야 한다. 기존 직무와 다른 직무에 배치하는 경우에도 당사자가 지닌 타고난 자질을 발휘할 만한 토대가 갖춰져 있어야 한다. 이것이 인사의 기본 전제다. 직원에게도 본인의 역량을 펼칠 용기가 필요함은 물론이다.

앞서 A의 사례를 보자. 영업 현장에서 체감해 온 일에 대한 충만함과 고객과의 깊은 유대감, 팀에서 이룬 창조적인 성과 등이 그의 강점이며 이는 삶의 보람으로 이어졌다. 회사 밖에서 운동을 즐기고 가족과 소중한 시간을 보내는 등 일과 가정의 균형을 유지하는 것도 업무 에너지를 충전시켜주는 요소였을 것이다. A가 지닌 독자적인 요소들이야말로 매니저로서 업무 성과를 창출하는 데 중요한 자원이었다.

그러나 회사는 그가 지닌 자질이나 가치관을 신중히 고려하지 않고 일방적으로 직무를 배치했다. 아무리 열심히 노력해서 다소 성과를 올렸다 한들 당사자의 역량을 살리지 못하는 직무는 일에 대한 보람은 고사하고 에너지만 고갈시킬 뿐이다. 그가 결국 리더로서 조직을 이끌어 간다 해도 영업팀 시절처럼 눈부신 활약을 기대하기는 어려울 것이다.

이러한 상황에서 "열심히 더 노력하면 되는 것 아니냐?"라고 이야기하는 사람들도 있다. 만약 A가 근면성과 충성심으로 힘든 시기를 헤쳐 나갔다면 어땠을까? 자신도 힘든 시기를 이겨 내고 이 자리까지 왔으니 후배들도 그런 시련의 과정이 필요하다고 생각하게 되지 않을까? 사람의 강점을 최대한 살려야 한다는 말에 고개를 끄덕이면서도 실제로는 부하 직원의 강점을 억눌러 버리는 상사가 존재하는 건 이 때문이다. 드러커는《매니지먼트》에서 이렇게 말했다.

사람은 약하다. 가엾을 만큼 약하다. (…) 하지만 일부러 이 약점에 대한 비용을 부담하거나 위험을 감당하려고 사람을 쓰는 일은 없다. 누군가를 고용하는 이유는 그 사람이 지닌 강점이나 능력 때문이다.

변화가 극심하고 앞날이 불투명한 시대에 기업이 사람을 고용하기란 쉬운 일이 아니다. 그런데도 왜 기업은 사람을 뽑을까? 그 사람이 가진 강점이 성과로 이어지기를 바라기 때문이다. 취업 면접에서 지원자가 가진 가치관이나 자질을 확인하기 위해 기업은 생각 이상으로 많은 공을 들인다.

강점 개발 vs. 약점 보완

물론 잘하는 것만 해야 한다는 이야기는 아니다. 어학 실력, IT 지식 같은 것은 자질이라기보다 기능이다. 기능 면에서는 교육을 통해 다양한 분야로 가능성을 넓히는 일도 필요하다. 그러나 여기서 말하는 자질이란 천성적으로 타고나거나 혹은 자라면서 익혀 온 특유의 강점을 가리킨다. 주변 분위기를 밝게 만드는 사람, 프레젠테이션을 즐기는 사람, 복잡한 정보를 정리해 개념화시키는 것을 잘하는 사람 등 사람마다 각자 지닌 자질이라는 게 있다. 어쩌면 직원 스스로 깨닫지 못한 자질이나 강점을 대화나 관찰을 통해 발견하는 것도 매니저의 역할이다.

매니저가 직원의 강점을 발견하고 일깨우면 직원은 자신의 강점을 활용할 수 있는 곳을 정확히 알게 된다. 그리고 그곳에 에너지를 쏟으며 자신이 아닌 타인에게 강점이 있는 업무는 과감하게 위임한다. 이렇게 고유의 강점을 발휘할 때 인간은 예상치 못한 성과를 내거나 창의적인 아이디어를 떠올린다.

이와 관련된 심리학 연구도 여럿 진행된 바 있다. 일에서 자신의 강점을 발휘한다고 느끼는 시간이 길면 길수록 업무 보람이 높아진다는 결과가 나왔다. 강점 발휘야말로 사람이 가진 능력과 퍼포먼스를 향상시켜 조직 생산성을 높이는 핵심 조건이다. 이렇게 해서 나타나는 성과, 즉 생산성 향상은 첨단 기술이 선사하는 효율성 향상을 능가한다. 자기 자신을 비롯해 동료, 부하 직원이 본연의 강점을 십분 발휘한 결과로 놀라운 퍼포먼스를 이루어 내거나 그런 모습을 목격한 경험이 있을 것이다.

어느 기업 간부가 자조 섞인 말투로 이런 얘기를 한 적이 있다. "모든 회사가 입사 면접에서는 강점과 자질이 무엇인지 묻는다. 그러나 입사를 하고 나면 약점을 어떻게 보완할지를 묻는다." 자신이 몸담은 조직에 대한 안타까움이 담긴 고백이다. 물론 목적을 달성하는 데 방해가 되는 약점은 매니저와 직원들이 서로 협력해 수정해 나가야 한다. 예를 들어 영업 일을 하는데 시간 개념이 부족하거나 홍보 업무를 하는데 문서 확인을 게을리하는 것은 치명

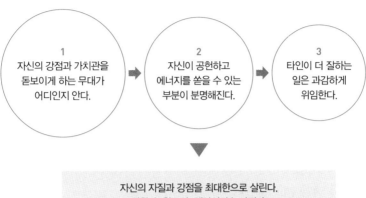

◈ 자기경영이 조직의 성과로 이어지는 과정

1
자신의 강점과 가치관을
돋보이게 하는 무대가
어디인지 안다.

2
자신이 공헌하고
에너지를 쏟을 수 있는
부분이 분명해진다.

3
타인이 더 잘하는
일은 과감하게
위임한다.

자신의 자질과 강점을 최대한으로 살린다.
성취감, 창조성, 생산성이 높아진다.

적인 약점이다. 당사자가 가진 강점을 망치는 약점은 개선해야 마
땅하다. 하지만 약점을 고친다고 플러스가 되지는 못한다. 기껏해
야 마이너스를 제로로 만들 뿐이다. 이는 내가 긍정심리학 코칭
자격증을 땄을 때 배운 내용이기도 하다.

내가 배운 드러커의 매니지먼트 원칙은 다음과 같다.

강점 위에 구축하라. Build on your strength.

이 문장에는 지식 노동이 주류가 된 시대에 사람이 발휘할 무한
한 가능성을 신뢰하는 드러커의 철학이 담겨 있다. 우선 매니저 스

스로 자신을 강점을 살리는 자기경영을 실천하자. 그것이 결과적으로 조직 전체의 성과, 성취감, 창조성, 생산성 증대에 기여한다.

나는 누구인가, 어떤 책임이 있는가

내가 처음 드러커를 만난 순간을 아직도 잊을 수가 없는데, 그가 나에게 건넨 다음과 같은 말 때문이다.

> 당신이 누구인지 기억하라. 그리고 당신의 책임을 완수하라.
>
> Remember who you are. Take your responsibility.

많은 매니저가 "저희 회사에서는…", "저희 부서에서는…"이라는 말을 입버릇처럼 한다. 그러나 진정한 매니지먼트 능력을 발휘하려면 먼저 '내가 누구이며 무엇을 사명으로 여기고 어떤 가치관을 가지는가'라는 이른바 '자기 인식'이 명확해야 한다. 스스로에게 자신이 어떤 사고방식과 가치관을 가진 사람인지 물어야 한다. 그것이 바로 드러커가 이야기한 '당신이 누구인지 기억하라'라는 말의 진정한 의미다. '회사가 그렇게 결정했으니까', '상사의 방침이 이러하니까'가 아니라 '내가 이렇게 생각하니까'라는 확실한 기준이 없으면 부하 직원을 이끌 수 없다. 부하 직원을 제대로 이끌지 못하면서 매니지먼트 성과를 기대한다는 건 어불성설이다. 드러커가 나에게 한 말은 매니저라면 자신만의 기준을 세우고 그 기준에 책임을 지라는 뜻이었다. 드러커는 또 다음과 같은 말도 했다.

"사람들은 보통 자기소개를 할 때 회사명, 부서, 직함을 이야기한다. 그러나 내가 알고 싶은 건 그가 어떤 사람이고 무엇을 가치 있게 여기며 어떤 강점이 있는가다."

나는 그때까지 다른 사람에게 회사, 소속 부서, 직함으로 나를 소개했다. 아마 나뿐만 아니라 많은 이가 자신이 어떤 사람인지 제대로 생각해 보지 않고 직함 등으로 소개를 대신해 왔을 것이다. 드러커는 바로 그 점을 꼬집었다. 그러한 '간판'으로 당신이 누구인지 이야기할 수 없으며, 당신이 진정으로 어떤 강점을 가지고 어디에 가치를 둔 사람인지 말할 수 없다면 조직을 관리하는 목적 또한 모호해진다고 말이다.

만약 매니저가 부하 직원에게 업무방침에 관한 질문을 받았다고 해 보자. "나도 의도를 잘 모르겠지만 위에서 내려온 방침이니 그냥 따를 뿐이에요."라는 말과 "동의하기 어려운 부분도 있지만 이런 점은 의미가 있다고 생각해요. 순조롭게 진행된다면 이러한 성과가 나올 것으로 보입니다. 함께 해 봅시다."라는 말 중 어떤 말이 부하 직원의 자발적 참여와 더 나은 업무 대처 행동을 이끌어 낼까? 전자는 매니저가 지닌 '직위'를 중시하는 사람이고, 후자는 매니저가 지닌 '책임'을 중시하는 사람이다. 드러커는 이어서 이렇게 말했다.

"매니저는 지위나 특권을 이용하는 사람이 아닌 공헌하는 책임을 지는 사람이다."

이는 매니저 자신이 가진 의지와 역량을 활용해 조직 전체의 성과에 공헌하는 책임을 말한다. 매니저는 직급을 내세우기보다 자기 목소리로 사명과 목적을 팀원들에게 설명할 줄 알아야 한다. 직원이 세 명이든 서른 명이든 이 역할은 달라지지 않는다.

드러커는 1939년에 펴낸 첫 번째 저서 《경제인의 종말》The End of Economic Man에서 기계론적 세계관의 한계를 지적한 바 있다.

> 기계적으로 인간의 노동을 관리해서는 안 된다. 이성, 의지, 판단력 등 생명체로서 인간이 지닌 능력을 살려 경영해야 한다.

그의 사상이 잘 드러난 저서다. 지금으로부터 약 80년 전, 공업사회 한복판에서 기업과 조직을 기계가 아닌 생명체로 파악하는 주장을 했다니 놀라울 따름이다. 그가 '나(자기)'를 기준점으로 두라고 강조하는 이유도 이러한 사상적 토대 속에 있으리라.

자신이 살아 있다고 느끼지 않으면 진정한 도전 의식이나 리더십이 생기지 않는다. 즉 일터에서 '나'라는 자원이 제대로 쓰이고 있음을 실감해야 자기 뜻과 책임 의식을 나만의 언어로 직원들에게 전달할 힘이 나온다. 그 결과 매니저에게 자극받은 직원들도 본인의 역량을 발휘하며 성과를 내고 조직 전체에 생명력을 불어 넣을 수 있게 된다.

나는 무엇으로 기억되고 싶은가

드러커 경영대학원 강의 중 유난히 기억에 남는 수업이 있다. '윤리적 딜레마'ethical dilemma라는 강의가 그것이다. 위법은 아니지만 윤리적으로는 판단하기 어려운 문제를 놓고 토론하는 수업이었는데 다양한 국적과 경험을 가진 학생들 사이에서 늘 격렬한 공방이 이어지곤 했다.

이 수업에서 다룬 것 중 유능한 프로듀서가 역대 최고 시청률을 기록한 인기 프로그램을 제작해 회사와 프로듀서 모두 막대한 수익을 얻은 사례가 있었다. 그런데 해당 프로그램을 시청한 초등학생과 중학생들의 행동과 말투가 난폭해졌다는 문제가 제기됐다. 만일 당신이 경영자 혹은 프로듀서라면 어떻게 판단하고 행동할 것인가? 어린이나 청소년에게 악영향을 끼친다고 지적되는 요소가 사실상 시청률을 견인하는 요인이므로 프로그램을 만드는 입장에서는 여러모로 어려운 딜레마다.

여기서 더 나아가 회사의 수익을 전적으로 책임지는 경영자나 프로그램의 성공이 절대적으로 필요한 프로듀서라면 문제는 더 복잡해진다. 이러한 사례에는 회사의 재무 상태나 프로듀서의 현재 위치 및 필모그래피 등 판단에 필요한 여러 정보가 필요하다. 직원, 거래처, 고객 더 나아가 당사자들의 생계에도 영향을 미치는 사안이므로 쉽게 의사결정을 내리기 어렵다.

그 외에도 실적을 채우기 위한 밀어넣기식 영업에 관한 딜레마, 과대광고라고 말하기 애매한 광고 홍보에 관한 딜레마, 인성은 좋지만 업무 능력은 떨어지는 고참 매니저의 처우에 관한 딜레마 등 많은 사람이 경험한 적 있는 딜레마들이 쟁점에 올랐다. 다국적 학생들이 모인 수업인 데다 다양한 입장에 따라 의견이 갈리는 내용이다 보니 좀처럼 결론이 나지 않았다. 금융기관 출신 학생은 수치 분석 관점에서, NGO 출신 학생은 이상론적 관점에서 저마다 주장을 펼쳤다. 선진국 출신과 개발도상국 출신도 각각 자국의 경제·사회 상황이 반영된 시점으로 논리를 전개했다.

담당 교수는 학생들 사이에 활발한 토론을 이끌어 주긴 하지만 결론을 내는 법은 없었다. 판단은 언젠가 경영 리더가 될 학생들 몫으로 남겨 두었다. 그런데도 나는 수업이 명확한 결론 없이 끝나는 것에 초조함과 답답함을 느꼈다.

그러다 시간이 지나면서 자기경영 개념과 윤리적 딜레마 강의의 목적이 연결되어 있음을 깨달았다. 이론과 지식은 자기 외부에서 조달할 수 있다. 그러나 어떤 가치관이나 윤리관으로 조직을 이끌어 갈지에 대한 대답은 자기 내부에 있다. 위법이냐, 합법이냐 판단하는 것만으로는 충분치 않다. 리더가 자기 가치 기준이나 신념에 따라 결정하고 결과에 대한 책임을 져야 한다. 평소 자기 내부의 기준점을 단단히 세워 놓으면 그만큼 판단을 내리기 쉽다.

물론 기업은 기본적으로 수익 창출이 목적인 집단이다. 그러나 수익보다 중요한 것은 자기 내부에 존재하는 '가치 판단 기준'이다. 드러커는 강연에서 학생들에게 늘 "당신은 무엇으로 기억되고 싶은가?"What do you want to be remembered for? 라는 질문을 던졌다. 가치관, 가치 판단 기준을 스스로 인식하라는 메시지였다.

각종 딜레마를 내포한 문제에 리더가 튼튼하게 뿌리내린 신념을 가지고 대처하면 회사의 행동 규범이 제대로 갖춰진다. 직원들은 촉각을 세우고 지켜보고 있다. 가혹한 딜레마에 봉착했을 때 리더가 무엇을 최우선 가치로 삼고 어떤 결단을 내리는지를 말이다. 단기적인 득실을 넘어 용기 있는 의사결정을 한다면 장기적인 이점이 생긴다. 직원들의 일에 대한 보람과 자부심, 조직에 대한 귀속감 등이 그것이다. 반대로 단기적인 이익을 우선한다면 이러한 이점을 모두 잃고 말 것이다.

조직을 운영하다 보면 매니저는 늘 다양한 딜레마와 맞닥뜨리게 된다. 이를 극복하려면 자기경영의 기본인 가치관과 판단 기준을 명확히 가질 필요가 있다. 유교의 가르침 중에 '수기치인'修己治人이라는 말이 있다. 자신을 먼저 갈고 닦아야 백성을 다스릴 수 있다는 뜻이다. 드러커의 자기경영과 일맥상통하는 얘기다.

나의 가치를 객관적으로 바라보라

드러커의 자기경영 사상을 보다 현대적인 관점에서 연구해 강의
하는 사람이 있다. 드러커 경영대학원의 교수 제러미 헌터다. 그
는 시카고 대학교에서 '몰입'flow 이론을 제창한 미하이 칙센트미
하이Mihaly Csikszentmihalyi의 제자로, 스승이 클레어몬트 대학원으로
자리를 옮긴 것을 계기로 자신도 드러커 경영대학원에서 자기경
영을 가르치기 시작했다.

그의 강의는 내가 졸업하기 한 해 전에 시작되어 단숨에 인기
강의로 등극했다. 요즘은 '마인드풀니스'mindfulness(명상, 마음챙김)
라는 말이 친숙한 용어로 자리 잡았는데 헌터 교수는 이 말이 알
려지기 훨씬 전부터 마인드풀니스를 활용한 자기경영 방법을 연
구하고 가르쳐 왔다. 내면에 존재하는 의식, 감정, 신체 감각이 행
동을 주도하고 결과를 결정짓는다는 점을 깨닫고 그것들을 통제
해 일과 개인의 삶 모두에서 바람직한 결과를 얻는 것, 이것이 바
로 헌터가 연구하는 분야다.

헌터의 강의에는 '회복 구간'Resilience Zone이라는 용어가 여러 차
례 등장한다. 우울하고 무기력한 '저低각성존'과 흥분하고 긴장 상

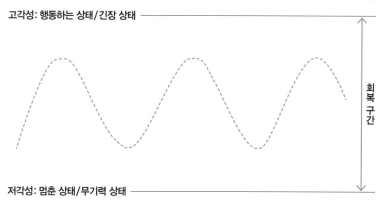

◆ 감정은 회복 구간 내에 머물러야 한다

---- 감정

고각성: 행동하는 상태/긴장 상태

회복 구간

저각성: 멈춘 상태/무기력 상태

태인 '고高각성존' 사이에 있는 영역이자 자기 내부 상태를 깨닫고 효과적으로 상황에 대처하는 상태를 회복 구간이라 부른다. 외부에서 발생하는 사건들로 우리 마음과 감정은 늘 파도처럼 흔들리며 이 세 구간을 넘나든다. 이때 스스로 감정 조절을 제대로 하지 못하고 휘둘리다 보면 의도와는 다른 행동이 나와 일을 망치기 쉽다. "회복 구간에 머물 수 있는 것(그 자각이 있는 것), 그 영역 밖을 나가도 다시 돌아올 수 있는 것, 더불어 그 영역을 넓힐 수 있는 것이 자기경영의 기본이다."라고 헌터는 강조한다.

드러커가 거듭 주장했듯 오늘날은 지식사회다. 눈에 보이는 유형사산보다 눈에 보이지 않는 무형자산, 즉 지식자산이 오늘날 기업의 성패를 가른다. 지식 노동자가 스스로 생각해 목표를 설정하고 사람들과 생산적으로 협력해 탁월한 제품과 서비스를 창조해 나가는 시대다. 이러한 시대에는 먼저 자신의 의도나 감정을 객관적으로 바라본 후 목표나 대상에게 집중할 필요가 있다. 헌터 교수는 수업에서 의도intention, 주의attention 등 인간의 의식적인 면을 자세히 다루었는데 인간관계든 비즈니스든 의식을 어디에 두느냐에 따라 얻을 수 있는 성과가 완전히 달라지기 때문이다. 드러커 역시 평소 인식의 중요성을 늘 강조했다.

　드러커와 헌터가 자기경영을 무엇보다 중시하는 이유는 단 하나다. 자기 내면에 어떤 의도, 가치관, 강점, 사고, 감정이 있는지 깨닫고 '나'라는 자원을 조직에서 제대로 활용할 수 있을 때 조직을 경영하고 타인과의 인간관계를 원활히 맺으며 다양한 문제 역시 해결해 나갈 수 있기 때문이다. 또한 매니지먼트로 성과를 올리려면 자신의 생각, 감정, 행동을 통제해 수많은 스트레스나 문제에 대처할 줄 알아야 한다. 이는 직장에서는 물론 개인적으로도 행복한 인생을 살아가는 데 꼭 필요한 일이다. 이는 자기 분야에서 성공하고 보람을 느끼며 행복하게 사는 사람이라면 예외 없이 실천하는 것이기도 하다. 결국 좋은 매니지먼트의 첫걸음은 자기 자신을 스스로 경영할 줄 아는 것이다.

Lessons of Peter F.
Drucker

제2장

리더십의 원칙

리더는 사람을 등지고
일하지 않는다

많은 회사에서 매니저라는 말이 하나의 직함으로 자리 잡았다. 영업, 마케팅, 생산, 제조 등의 실무 분야에서 우수한 실적을 올리면 매니저로 승진하는 경우가 일반적이다. 연공서열을 중시하는 조직이라면 일정 연차가 된 직원을 매니저로 승진시키는 일도 적지 않다.

세일즈 매니저, 프로젝트 매니저, IT 매니저부터 과장, 차장, 부장까지 매니저 역할을 하는 직급은 조직 내부에 넘쳐 난다. 하지만 다음 질문에 제대로 답할 줄 아는 매니저는 얼마나 될까?

"매니지먼트는 무엇을 목표로 삼아 어떻게 실시되며 어떤 기준으로 평가받는가?"

대부분 "매출과 이익 증가에 얼마나 기여했는지, 실적을 얼마나 올렸는지에 따라 평가받는다."라고 답할 것이다. 그런데 조직의 실적은 높은 데 반해 팀원들 사이에 매너리즘이 팽배하고 조직 전체가 침체된 분위기라면? 실적이 유지 혹은 향상되고 있더라도 (오히려 그렇기 때문에) 새로운 사업이나 서비스를 기획하지 않고 현재에 안주하는 조직이라면? 실적에만 매진한 나머지 인재 육성이나 커뮤니케이션을 간과한 조직이라면? 이 상태가 지속되면 중장기적으로 해당 조직은 물론 기업의 주주들도 피해를 입는다. 매니지먼트의 실패는 단기보다 중장기적인 결과에 영향을 미친다는 점을 명심해야 한다. 매니지먼트의 성패를 가르는 요소는 결코 단기적인 수치만으로 측정될 수 없다. 실적도 필요하지만 매니저가 수행해야 할 과제를 제대로 해냈을 때 중장기적으로 조직에 높은 성과를 가져올 수 있다.

안타깝게도 대부분 조직에서 매니저는 어떤 일을 하며 무엇을 목표로 하는지에 대한 답이 제대로 공유되지 않고 있는 실정이다. 매니저로 승진한 뒤에 업무 우선순위에 대한 명확한 기준점을 세우지 못하는 것은 바로 이 때문이다. 기준이 없으니 결국 어떤 수치만을 목표로 삼아 부하 직원을 압박하는 일이 발생한다.

이는 모두 매니저가 하는 일을 오해하는 데서 비롯된 문제라고 할 수 있다. 업무, 정보, 숫자를 관리하는 것만이 매니저 업무가 아니다. 그런 일이 매니저의 주 업무로 인식되는 탓에 최근에는 매니저가 되고 싶지 않다는 젊은 직원들마저 급증하는 추세다. 능력이 출중한데도 스스로 매니지먼트를 하는 위치에 서기를 꺼리는 경우도 많다. 지금까지 조직에서 경험한 관리직의 모습이 그리 긍정적이지 않았기 때문일 것이다.

그러므로 기업들은 지금이라도 매니저에게 요구되는 역할을 재정의해야 한다. 잘못 해석된 부분이 매니저의 주요 업무로 자리잡은 탓에 매니저의 생산성을 저해하고 있다. 매니저의 역할을 제대로 정의하지 않은 채 기계적으로 승진시키는 회사도 문제가 있다.

'매니저는 무엇을 목표로 하는가?'

이 단순하면서도 지극히 중요한 물음에 대해 이번 장에서 살펴보고자 한다.

CASE   엘리트를 무너지게 한 '리더'라는 벽

광고대행사에 근무하는 A(32세). 유명 사립대학교를 졸업한 후 8년간 영업팀에서 경험을 쌓고 2년 전부터 신규 사업개발팀에서 일하는 중이다. 1년 전 동기 90명 중 가장 빨리 관리자 승진시험에 합격해 출세 가도를 달리는 회사 내 유망주다.

자기계발에 열심인 그는 필요한 기술과 지식을 공부하며 의욕을 다졌다. 주말에는 경영대학원을 다니며 작년에는 MBA를 취득하기도 했다. 신규 사업을 검토하면서 시장을 분석하거나 투자를 결정하기 위한 사업성을 평가할 때 MBA 관련 지식은 큰 도움이 되었다. 영업 경험에 더해 기획 분야에 관한 지식까지 얻게 되면서 자신감을 얻은 A. 그는 내심 대형 프로젝트 책임자가 되거나 조직 관리자가 되고 싶다는 생각을 했다.

그러던 어느 날 사업개발팀의 부장이 그를 새로운 웹 서비스 추진 프로젝트의 실행 책임자로 전격 발탁했다. 대형 인쇄회사와 공동 진행하는 사업으로 회사에서도 큰 기대를 거는 중대 프로젝트였다. 회사에서도 대대적으로 홍보가 이루어져 다른 팀의 직원들 사이에도 이슈가 됐고 A 역시 사업기획 단계에서 참여했던 터라 남다른 애착이 있었다. 그렇다고는 해도 설마 자신이 실행 책임자가 되리라곤 전혀 예상치 못했다.

갑작스럽게 책임자가 된 그는 지금껏 느껴 본 적이 없는 흥분에 사로잡혔다. 불안감도 엄습했다. 착실하게 실적을 쌓았고 시간과 돈을 투자해 관련 지식과 기술도 배웠다. 하지만 여섯 명이나 되는 부하 직원을 관리하는 일은 처음이었다. 개중에는 자신보다 나이가 많은 직원도 있었다. 이번 업무는 단순한 분석이나 기획이 아니었다. 실제로 사업을 추진하는 일이었다. 사업전략을 세우고 조직을 정비해 판로를 개척하고 무엇보다 실적을 내야 했다. 웹 서비스의 인프라 정비, 영업 마케팅용 자료 작성, 대리점 정책 검토 등 신경 써야 할 과제가 산적해 있었다. 그야말로 발등에 불이 떨어진 상황이었다. 당장 팀원들 간에 역할을 분담해 구체적인 과제를 해결해 나가는 것이 급선무였다.

기대와 불안이 뒤섞인 가운데 프로젝트가 시작됐다. 지금까지 여러 프로젝트에 참여하면서 이런저런 아이디어를 제안해 왔지만 어디까지나 그건 직원의 입장에서였다. 그러나 지금 눈앞에 자신이 이끌어야 할 부하 직원들이 있었다. 그들이 얼마만큼의 역량을 발휘해 성과를 내는가는 자신의 매니지먼트에 달려 있었다. 이번 프로젝트의 총책임자이자 신규 사업 담당 임원은 팀 운영에는 관여하지 않겠다는 말을 남겼다. 위에서 지켜만 볼 테니 스스로 생각하고 결정해서 진행하라는 소리였다.

A가 가장 먼저 팀원들과 시작한 작업은 사업 계획서를 완벽하게 작성하는 것이었다. 수익성 예측이나 시장 분석에서 수치상 애매한 부분을 꼼꼼하게 체크하고 검토했다. 부하 직원에게 작업을 정확히 지시하는 데도 주의를 기울였다. 다행히 숫자에 익숙한 덕분에 큰 차질 없이 일이 수월하게 진행되는 듯했다. 아울러 영업 담당자에게는 판로 개척이나 대리점 정책 계획을 보다 구체적으로 검토하라는 지시를 내렸다. 영업 담당자는 과거 자신이 그랬던 것처럼 계획서 작성에 서툴렀다. A는 기본적인 보고서 양식부터 논리적으로 계획서를 작성하는 방법까지 꼼꼼하게 알려 주었다.

부하 직원이 작성한 자료나 회의에서 한 발언에 대해서도 부족한 부분은 가차 없이 지적했다. 설령 까다롭고 엄격한 상사라 여겨질지 몰라도 자기 경험에 비추어 나중에는 직원들이 자신에게 고마워하리라고 믿었다. 업무 관리 규칙이나 역할 분담도 꼼꼼하게 정해 나갔다. 지금까지 다소 불만은 있을지언정 상사에게 전적으로 의지해 왔던 관리 업무를 스스로 주도하려니 그 일이 얼마나 복잡하고 어려운지 새삼 깨달았다.

고되지만 하루하루 성취감을 느끼는 나날이었다. 차츰 영업 거래나 공동 개최 프로모션 제안, 파트너십 문의 등으로 크고 작은 기업으로부터 연락이 오기 시작했다. 여섯 명이 이 모든 일을 처리하기엔 역부족이었다. 1인 3~4역을 해내며 밤늦게까지 야근을 하고 집에서도 업무를 봐야 하는 상황이 이어졌다. 하지만 힘든 와중에도 그는 아드레날린이 솟구쳤다. 프로젝트를 반드시 성공시키겠다는 각오를 다지며 날마다 일에 매달렸다.

협업 파트너나 대리점을 통한 판매 신청은 인지도 높은 대기업부터 적극적으로 채택하기로 마음먹었다. 이를 위한 미팅이 하루에도 여러 차례 진행됐고 부하 직원들은 미팅에 필요한 자료 작성과 회의 내용 기록, 협업 계획 지원 등의 업무를 처리하느라 과부하에 걸렸다.

"이 부분은 도저히 힘들 것 같습니다." 팀원들이 어려움을 호소하는 경우도 부쩍 늘었다. 그러나 그의 대답은 한결같았다. "무조건 성공시켜야 하는 프로젝트니까 1년은 노력해 봐. 신규 사업 시작하면 휴가나 주말 따윈 포기해야 해. 실질적인 수치로 사업의 성공을 증명해 내야 하니까."

그러던 중 4개월쯤 지난 어느 날, B라는 젊은 직원이 몸살로 조퇴를 신청했다. 처음에는 감기 정도겠거니 대수롭지 않게 여겼는데 3일이 지나고 일주일이 지나도 출근하지 않았다. 심지어 3일째부터는 연락도 되지 않았다. 이미 모든 직원이 3~4개의 업무를 처리하는 중에 한 명의 공백은 프로젝트 전체에 상당한 타격이 아닐 수 없었다. 게다가 지금은 프로젝트 성공 여부를 결정짓는 중대한 시점이었다. A는 초조해졌다. 수소문 끝에 연락이 닿았지만 B에게서 돌아온 대답은 충격이었다.

"프로젝트팀에서 절 빼 주셨으면 합니다."

팀원들의 과다한 업무량과 스트레스는 그도 잘 알고 있었다. 그러나 팀원들 간의 커뮤니케이션이 제대로 이루어지지 않고 신규 사업임에도 팀 내부에 부정적인 기류가 감돈다는 사실은 미처 알아차리지 못했다. 그가 상상했던 조직의 모습은 새로운 가치를 만들어 가는 활기차고 열정적인 분위기였으나 실제로는 "이런 자료도 제대로 못 만드나?"라거나 "분석이 엉망이야."라는 질책이 더 많은 곳이었다. 이 때문에 거래량이 증가해도 B는 전혀 기쁘지 않았다고 했다. 그는 신경쇠약으로 정신과 의사에게 휴식이 필요하다는 진단을 받았다고 전했다.

A는 망치로 머리를 맞은 듯 혼란스러웠다. 신규 사업 개시라는

목표를 향해 팀원들이 열정과 보람을 가지고 신나게 일하는 줄만
알았다. 일 자체는 힘들었으리라. 하지만 사업을 시작한다는 건
원래 그런 것 아닌가?

어쨌거나 지금 상황에서 팀원 한 명이 빠지면 엄청난 손실이었
다. 당장 업무 공백이라는 발등에 떨어진 불을 끄는 일도 시급했
지만 그가 진짜로 걱정하는 부분은 따로 있었다. '회사 전체가 주
목하는 프로젝트에서 시작한 지 몇 개월 만에 이탈자가 나왔다는
소문이 퍼진다면….' B의 말이 사실이라면 다른 팀원들 사이에도
불만이 팽배하리란 것은 불 보듯 뻔했다. 이번 일이 도화선이 되
어 프로젝트에 대한 불만이 한꺼번에 폭발할 위험도 있었다. 승승
장구하던 자신이 발탁되어 기대와 주목을 한 몸에 받는 프로젝트
였다. 이러다 자신의 매니지먼트 능력에 대해 좋지 않은 평가가
나올까 봐 그는 안절부절못했다.

'누구보다 열심히 기술과 지식을 익히고 인사평가도 높았던 내
가 이렇게 주저앉다니….'

그는 고민 끝에 중소기업을 경영하는 대학 선배 C에게 상담을
요청했다. C는 종합상사에서 근무하다 고향으로 돌아가 120년 전
통의 건설 회사를 부모에게 물려받아 6대째 가업을 이어가고 있
다. 43세로 기업 대표치고는 젊은 편이지만 거래처나 고객, 직원
들에게 신망이 두터운 리더였다.

A는 오랜만에 만난 선배에게 고민을 토로했다. 대체 무엇이 문

제인지 모르겠다고 말이다. 그의 말을 잠자코 듣고 있던 C는 이렇게 말했다.

"넌 업무에 필요한 기술들을 열심히 배웠고 MBA 과정을 거치면서 지식도 제대로 쌓았어. 그 자체로 엄청난 자산이고 노력도 가상하지만 배우지 않은 게 하나 있지. 바로 매니지먼트야. 사람과 조직의 능력을 최대한 끌어내서 성과를 올려 나간다는 생각 말이야. 나도 회사를 이끌기 시작하면서 제일 처음 부딪친 벽이 그거야."

A는 C 선배가 하는 말의 의미를 이해할 수 없었다. 회사가 원하는 실적을 올리고 관리자로서 필요한 지식을 배워 승진시험에 합격했다. 그 성과를 인정받아 회사는 자신에게 중요한 프로젝트를 맡겼다. 이 정도로 회사에서 신망이 두텁고 능력을 갖췄는데 매니지먼트하는 법을 모른다고?

그는 반박하고 싶은 마음이 굴뚝같았지만 그럴 수 없었다. 마음 깊은 곳에 정말 그럴지도 모른다는 두려움이 엄습했기 때문이다.

● ● ●

기술과 지식이 리더를 만들지 않는다

위 사례는 신임 매니저가 흔히 빠지는 함정이다. 현장에서 우수한 실적을 올려 관리직으로 승진한 인재가 리더로서 조직을 이끄는 데 실패하는 이유는 뭘까?

　조직이 비대해지고 업무량이 많고 복잡해질수록 부하 직원을 둔 매니저가 되기 위해 갖춰야 할 요건도 늘어나기 마련이다. 그러다 보니 사업이나 조직을 이끄는 매니지먼트 능력보다 개별적인 기술이나 지식을 가지고 있는지 여부로 매니저의 자질을 평가하는 기업들이 많다. 바로 여기서 현대 조직이 가진 엄청난 착각이 발생한다. 각각의 업무 기술의 총합이 '매니지먼트 능력'이라고 여기는 것이다. 예를 들어 영업에서 뛰어난 실적을 올려 높은 평가를 받은 사람이 해당 조직의 리더로 승진했다고 해 보자. 현장 경험과 지식이 많은 사람이 그 조직을 통솔하는 역할을 맡는 흔한 패턴이다. 물론 개인의 실적은 중요한 판단 기준이다. 그러나 그것만으로 매니저라는 역할을 부여받은 사람이 기대만큼 성과를 내지 못하고 심지어 조직 내에서 끊임없이 갈등과 문제를 일으키는 일이 비일비재하게 일어난다.

　매니저가 되기까지의 개인적 평가와 매니지먼트 능력 사이에는 상당한 간극이 존재한다. 이유는 간단하다. 매니저는 살아 있는 인간을 움직여 그가 분명한 성과를 올리도록 만들지 않으면 존재 의미가 없기 때문이다.

　해당 업무에 대한 지식과 기술 부분에서 높은 평가를 받은 사람이라도 막상 부하 직원을 관리해야 하는 입장이 되면 무엇을

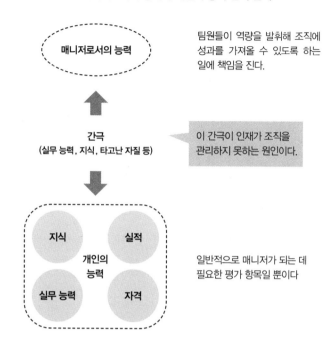

◈ 매니저로서의 능력과 개인의 능력 간의 관계

매니저로서의 능력

팀원들이 역량을 발휘해 조직에 성과를 가져올 수 있도록 하는 일에 책임을 진다.

간극
(실무 능력, 지식, 타고난 자질 등)

이 간극이 인재가 조직을 관리하지 못하는 원인이다.

개인의 능력

지식   실적   실무 능력   자격

일반적으로 매니저가 되는 데 필요한 평가 항목일 뿐이다

매니지먼트는 실무 능력이나 지식의 총합이 아니다. 그것들의 연장선상에 있는 것도 아니다.

어떻게 해야 할지 몰라 혼란스러워한다. 대다수는 지금까지 배운 지식을 토대로 세부적인 부분에만 몰두한다. 근성 혹은 정신력을 운운하며 과도한 업무를 맡기고 실적이나 수치상 목표를 향해 팀을 채찍질하는 것 외에는 다른 방법을 모르는 것이다. 그 결과 팀원들은 심신이 피폐해지고 팀 내 분위기도 침체되는 지경에 이른다.

실적이 리더를 만든다는 위험한 착각

이러한 상황을 방지하려면 어떻게 해야 할까? 우선 회사는 단순히 실적만으로 매니저를 결정하는 발상 자체를 재고해야 한다. 매니저로서 필요한 능력, 다시 말해 사람들에게 동기를 부여하고 그들이 역량을 발휘해 조직에 성과를 가져올 수 있도록 하려면 이장에서 설명한 몇 가지 중요한 사고방식을 익힐 필요가 있다. 그중에는 성격적인 부분이나 타고난 자질도 있다. 스스로 타고난 자질이 부족하거나 매니지먼트에 필요한 사고나 능력을 익히는 데소극적이라면 매니저가 아닌 전문가로서 사업에 공헌하는 게 낫다. 그것이 본인과 조직 모두에게 이익이다.

실리콘밸리에서는 뛰어난 엔지니어가 회사를 창업하고 이후 전문 경영인을 고용해 사업을 더욱 키워 나가는 경우가 많다. 시대를 뛰어넘어 독보적인 성과를 거두고 있는 세계적인 기업들 중에서도 전문 기술 분야에 주력하는 리더와 매니지먼트를 담당하는리더가 각자 역할을 충실하게 하며 시너지 효과를 내고 있는 기업이 적지 않다.

스포츠 세계에서는 실력 있는 선수가 감독보다 높은 연봉을 받는 일이 흔하다. 매니지먼트 능력을 키워 남들의 역량을 살리기보다 자기 실력을 키워 스스로 성장하기를 원한다면 그 결정이 조직에 더 큰 성과를 가져올 수도 있다. 드물게 두 가지 능력 모두를 갖춘 사람도 있으나 대부분의 경우는 매니저로서의 능력과 전문가로서의 능력이 양립하지 못하므로 자신이 어느 쪽에 속하는지 스스로 따져 보기 바란다.

거듭 이야기하지만 매니지먼트는 조직 전체의 성과에 책임을 지는 일이다. 그러므로 회사는 당사자의 희망이나 적성을 꼼꼼히 살피고 충분한 훈련 과정을 통해 인재를 육성해 나가야 한다.

급성장하는 조직들은 때때로 준비 없이 관리직 자리를 늘리기도 하는데 이는 대단히 위험한 신호다. 내가 컨설팅 업무를 맡았던 어느 의료기기 업체에서는 회사가 M&A를 거치며 급성장하자 조직과 팀원 수가 급증해 '급한 대로 일단 이 사람이라도…'라는 안이한 생각으로 매니저 인사를 단행했다. 타사에서 갓 이직해 온 영업 담당자를 매니저로 승진시키는 일도 비일비재했다. 재무 수치상으로 당장은 성과를 보일지도 모른다. 그러나 그 폐해는 여지없이 현장으로 돌아간다. 매니지먼트 훈련도 커뮤니케이션도 턱없이 부족한 상태에서 매니저의 수만 잔뜩 늘렸으니 현장은 혼란 그 자체가 되었다. 이직, 직원들의 사기 저하, 조직문화 악화 등 부정적인 결과가 표면화되는 것도 시간문제였다. '그렇다고 매니저 자리를 비워 둘 수는 없지 않으냐'는 말은 변명에 불과하다. 이는 '우리는 장기적 성장보다는 단기적 성과가 더 중요하다'는 고백이나 다름없으니 말이다.

조직 운영에 실패한 인재에게 매니지먼트 능력이 없다는 낙인을 찍는 일도 경계해야 한다. 인재가 팀 운영에 실패한 이유는 애당초 회사나 상사가 매니지먼트를 제대로 정의하지 못한 탓이다. 명확한 정의 없이 애매한 기준으로 그들을 평가하는 것은 불공정한 일이다. 더욱이 기준의 애매모호함 때문에 결과와 실적만으로 판단하는 일이 얼마나 위험한가는 이번 장에서 충분히 설명한 바 있다.

우선 '매니지먼트의 목표는 무엇인가'라는 근본적인 물음에 답하고 이를 조직 차원에서 확실히 공유하도록 해야 한다. 당장의 업무, 할당량, 실적에서 눈길을 거두고 직원이 보람을 느껴 스스로 일하고 싶어지는 목적을 정의하자. 그 목적의 좌표축 위에서 매니저는 하루하루 업무와 커뮤니케이션을 설계해 나가야 한다. 목적을 잃고 실적 수치나 결과만 좇다 보면 단기적으로는 결과가 나오더라도 중장기적으로는 기업의 성장에 필요한 자산을 갉아먹게 된다. 여기서 말하는 자산이란 사명감과 비전을 가지고 조직의 목적을 알려 주는 리더십, 전략적 사고로 조직이 나아갈 방향을 결정할 줄 아는 인재의 육성, 끊임없는 혁신이 일어나는 조직 문화, 직원이 스스로 성장한다고 느끼는 업무 환경 등을 말한다. 지시나 명령, 실적이나 수치 관리만으로 이러한 자산이 커지는 일은 결코 없다.

사람과 조직, 조직과 사회를 연결하라

드러커는 매니지먼트의 근본적인 목적을 다음과 같이 세 가지로
정의했다.

1. 조직의 특정한 목적과 사명을 안다.
2. 일의 생산성을 향상시켜 근로자가 능력을 발휘하게 한다.
3. 사업을 통해 사회적 책임을 진다.

모든 조직에는 완수해야 하는 특정한 목적과 사명이 있다. 매
니지먼트는 이를 명확하게 정의한 후 사업을 통해 문제를 해결해
나가는 것이다. 드러커는 첫 번째 항목에 나온 '특정한 목적과 사
명'을 《매니지먼트》에서 'specific purpose and mission'이라고 표
현했다. 영리기업이라면 필요한 수익을 얻는 일이 당연히 1차 목
적일 것이다. 하지만 그것 외에 직원이 당당하게 자신들만이 완수
할 수 있는 사명과 공헌, 목적을 말할 수 없다면 수익이 아무리 뛰
어난 기업이라도 언젠가는 위기에 봉착하고 만다. 특정한 목적과
사명을 알아야 그에 걸맞은 성과를 올릴 수 있으며 여기에 근로
자와 사회라는 큰 그림을 바라보는 시선까지 더해지면 기업은 실
적과 조직의 목적, 그리고 사회적 책임의 균형을 유지하는 조직으
로 거듭난다.

드러커 매니지먼트 이론의 핵심은 사회, 조직, 인간 세 가지를 연결된 하나의 개념으로 인식한다는 것이다. 드러커의 절친한 동료이자 《피터 드러커 일의 철학》 등 그의 저서 다수를 편저한 드러커 경영대학원의 교수 조셉 마시아리엘로 Joseph Maciariello 는 "피터 드러커 매니지먼트 사상의 원점은 사회, 조직, 그리고 인간의 행복에 있다."라고 누차 강조했다.

드러커 경영대학원 강의에서 이 세 가지는 논의의 주제로 자주 등장했다. 매니지먼트의 목적은 무엇보다 수익 창출이라고 주장하는 학생이 있는가 하면, 사회공헌이라고 주장하는 학생도 있었다. 나는 강의를 들으며 여러 사례를 분석하고 토론하는 과정에서 저마다 비중을 두는 요소는 다를지라도 매니지먼트에 성공하려면 반드시 위의 세 가지를 염두에 두어야 한다는 사실을 깨달았다.

수익이 나고 실적도 좋지만 직원들이 기계처럼 일하고 감정을 극도로 억누르는 조직이 있다. 실적이 탁월해 투자 대상으로 매력적이라도 사회에 악영향을 주는 비즈니스도 있다. '구매자가 있어서 수익이 나고 덕분에 일자리도 생기는데 뭐가 나쁜가?'라고 생각할 수도 있지만 이는 경영 비전으로서 결코 바람직하지 못하다. 자본주의 사회에서 영리기업은 단기적인 이익에 휘둘리지 않고 장기적인 관점에서 매니지먼트에 힘써야 한다. 이것이야말로 기업이 가져야 할 중요한 책임이다.

인간, 조직, 사회는 서로 연결되어 있다. 건전한 사회 없이 건전

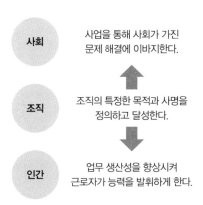

◈ 매니지먼트의 세 가지 역할

사회 — 사업을 통해 사회가 가진 문제 해결에 이바지한다.

조직 — 조직의 특정한 목적과 사명을 정의하고 달성한다.

인간 — 업무 생산성을 향상시켜 근로자가 능력을 발휘하게 한다.

매니지먼트의 성공을 위해서는 세 가지 역할이 필수다. 이 세 가지는 모두 연결되어 있다.

한 사업은 자라나지 못한다. 반대도 마찬가지다. 이것이 드러커가 평생에 걸쳐 우리에게 전해 온 메시지다.

리더는 왜 약점에 시선을 빼앗기는가

매니지먼트의 근본에 역할 세 가지는 매니저가 '매니지먼트를 올바른 방향으로 실시하고 있는가', '매니저로서 부족한 점은 없는가'를 자문할 때도 유효하다. 앞의 사례에서 출세 가도를 달리던 A가 매니지먼트의 세 가지 역할을 정확히 이해했다면 직원들에게 전달하는 메시지나 일의 우선순위도 달라졌을 것이다. 그동안 자신이 알고 있던 지식의 연장선상에서 직원들을 지도하기보다는 신규 사업이 완수해야 할 특정한 목적과 사명을 정의하고 이를 통해 직원들의 자부심에 불을 지피고 의욕을 북돋웠을 것이다. 업무나 협업 관계를 기계적으로 진행하기보다 특정한 사명에 따라 가장 주력해야 할 사업 영역은 무엇인지, 협력해야 할 파트너는 누구인지를 결정했을 것이다. 그랬다면 직원들의 에너지와 역량은 매니저가 설정한 방향으로 발휘되었을 가능성이 크다.

'사람의 강점을 활용해 업무를 한다'는 목표의 우선순위가 더욱 높았다면 결과는 역시 달라졌을 것이다. 약점을 보완하고 부족한 지식이나 기술을 보강하는 게 잘못은 아니다. 그러나 앞에서 언급했듯이 누군가를 고용하는 것은 그 사람의 약점이 아니라 강점 때문이다. 직원 각각의 강점과 자질을 파악하고 그에 적합한 직무에 배치해 성과로 끌어내는 일에 집중했다면 직원들은 놀라운 활약을 펼치며 조직에 공헌했을 것이다.

개개인의 강점에 초점을 맞춘 팀은 그렇지 않은 팀에 비해 협력의 수준과 스스로 설정하는 목표 수준이 높으며 고차원적인 업무를 수행할 가능성이 크다. 반대로 약점에 초점을 맞추면 서로 견제하고 위축되어 업무 수준이 전체적으로 낮아지게 된다. 여러분이 지금까지 소속됐던 조직들을 돌이켜 보면 이해가 될 것이다. 직장이든 학교 동아리든 그 팀의 일원이라는 사실이 자랑스럽고 일에 보람을 느끼면 자신을 포함해 주위 사람들 모두 각자 강점을 살려 협력하고 조직의 목적에 공헌한다. 이런 조직에서 생산성이 향상되는 건 당연한 결과다.

내 경험을 통해 말하자면 각자의 강점을 존중하는 팀은 서로를 존중한다. '나는 이런 강점이 있지만 저 일은 서툴다. 하지만 그가 저 일을 잘해서 나에게 부족한 점을 보완해 준다. 내가 잘하는 분야만 열심히 해도 높은 목표를 달성할 수 있는 이유는 주위 동료들 덕분이다'라고 생각하는 조직에서는 직원들이 서로를 존중해 시너지 효과가 생긴다. 이것이야말로 드러커가 말한 인간의 강점을 살리고 약점을 보완하는 바람직한 조직의 모습이 아닐까?

안타깝게도 A의 매니지먼트는 그 반대였다. 그는 자기도 모르는 사이에 직원들의 약점에 초점을 맞추었다. 그리고 조직에는 매니저의 이러한 관점이 깊게 반영되었다. 매니저가 의식적이든 무의식적이든 초점을 맞춘 부분에 직원들도 집중하기 때문이다. 드러커는《매니지먼트》에서 다음과 같이 말했다.

강점보다도 약점에 주목하는 사람은 조직의 정신을 해친다.

간단한 표현이지만 나는 그간 수많은 조직과 매니저를 보며 이 말이 얼마나 핵심을 찌르는 말인지 실감했다. 사람을 볼 때 어디에 주목하느냐에 따라 그 사람이 이루어 내는 성과가 달라진다.

조직의 유대감과 퍼포먼스를 향상시키고 싶다고 해서 무리하게 직원들과의 관계를 개선하려 노력할 필요는 없다. 직원들의 강점과 자질에 주목해 각자 보람을 느끼며 주체적으로 일하는 환경을 만드는 것이 우선이다.

당신은 왜 리더인가

시간이 흐르며 조직 내부 업무가 세분화되어 온 것처럼 경영학이나 매니지먼트 이론도 세분화되어 왔다. 경영학은 전략, 마케팅, 인사, 회계학 등 수많은 항목으로 구성되어 다루는 범위가 갈수록 방대해지는 추세다. 교육하는 입장에서는 그것이 더 이익이 되기 때문이다. 컨설팅·직원교육 업계의 경우, 분야가 세분화될수록 패키지 판매가 수월하고 강사나 컨설턴트도 단기간에 육성하기 쉬워진다. 따라서 세분화는 효율성을 높인다는 장점이 있다.

반면 단점은 매니지먼트의 목적과 전체상이 희미해진다는 점이다. 기업에서 회계 담당자는 숫자만, 시스템의 담당자는 시스템만, 인사 담당자는 인사만 신경 쓰는 것을 당연하게 받아들인다. 매니지먼트의 목적에 둔감해지면 '이 기업(혹은 사업)은 무엇을 목표로 하며 이를 위해 각 부서는 어떻게 협력해 조직에 공헌하는가'라는 핵심 주제도 희미해진다. 값비싼 시스템을 도입하고 인사

제도를 개편해도 조직 전체가 긍정적인 방향으로 나아가지 못하는 이유가 바로 여기에 있다. 다시 말하지만 매니지먼트에서 '부분의 총합은 전체가 아니다'.

매니저 개개인의 업무도 마찬가지다. 요즘은 근태관리, 예산관리, 코칭 등 업무가 세분화되어 매니저는 무엇을 목적으로 하며 근본적으로 어떤 일을 하는 사람인가에 대한 생각을 잘 하지 않는다. 그러나 업무 관리를 수월하게 해 주는 효율성 이상으로 목적이 얼마나 명확한가, 즉 얼마나 효과적인가가 중요하다.

그런데 '플레잉 매니저'라는 이름하에 "바빠서 매니지먼트 본래의 일을 할 여유가 없다."라고 말하는 사람을 종종 볼 수 있다. 사실은 매니지먼트 일을 제대로 하지 않기 때문에 바쁜 것이다. 상품, 시스템 운영, 규칙, 기술적인 부분은 매니지먼트의 대상이 아니다. 그럼 무엇이 대상일까? 바로 '인재'다. 인재의 퍼포먼스를 최대한 끌어내어 성과를 올리는 일이 매니지먼트이므로 인재를 활용하는 일을 우선시해야 한다. 그런데 매니저가 그 일을 뒤로 미루는 탓에 조직 전체의 성과를 올리는 주요 과제도 흐지부지되고 점점 바빠지기만 하는 악순환에 빠진다.

그러므로 '목적을 달성하기 위한 공헌을 이끌어 낸다'는 매니저에게 가장 중요한 과제를 미뤄서는 안 된다. 매니저도 현장 업무를 맡겠지만 결국 근본 목표로 삼아야 할 일은 매니지먼트다. 이 과제를 제대로 인식한다면 매니저가 실무 이외에 어떤 일에 시간

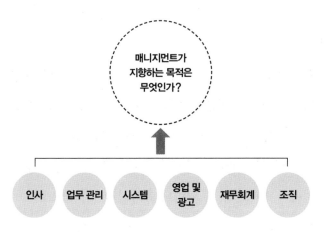

◆ 매니지먼트의 목적을 물어야 하는 이유

매니지먼트가
지향하는 목적은
무엇인가?

인사   업무 관리   시스템   영업 및 광고   재무회계   조직

조직이 거대해지고 복잡해질수록 매니지먼트의 목적, 역할, 기능 등의 의식이 약화된다. 그 결과 각각의 전략도 세분화되어 전체의 성과로 이어지기 어려워진다. 그러므로 세분화된 매니지먼트를 통합적으로 재정의할 필요가 있다.

을 할애해야 하는지 깨닫게 될 것이다. 그리고 그 일이 많은 시간과 에너지를 필요로 하는 중대한 일이라는 사실 또한 이해할 것이다.

드러커는 효과를 중시하는 태도를 여러 차례 강조했다. 효율성을 추구한다고 효과적이라고 할 수는 없다. 효율적인 수단이 추구하는 '목적'이 무엇인지부터 검토하자. 매니저는 항상 '무엇을 위해 효율성을 추구하는가?'를 자문해야 한다. 그 물음에 대한 답이 무엇인지에 따라 조직이 얻는 결과가 달라진다.

세상에 혼자 일하는 리더는 없다

드러커의 이론은 매니지먼트가 무엇을 목표로 하는지 여러 측면에서 깨닫게 해준다. 컴퓨터로 빗대면 OS(운영체제)와 유사한데 OS가 확실하면 개별적인 수단(애플리케이션)이 원활하게 움직일 수 있어 업무 효율성 또한 높아진다.

내가 드러커 경영대학원에 입학할 당시 드러커는 93세였다. 청력은 약했으나 명쾌하고 통찰력 있게 이야기했다. 고령인 관계로 강의는 맡지 않았으나 정기적으로 학생과 대학 관계자, 지역 주민에게 2~3시간씩 강의를 하고 그들의 질문에 답해 주었다.

나에게도 드러커의 강의를 들을 기회가 왔다. 드러커가 "나는 학교 관계자가 부르면 잘 오지 않는데 학생이 부르면 한걸음에 달려온다."고 웃으며 이야기하던 기억이 난다. 강의용 테이블 위에는 그가 평소 좋아하는 '크리스피 크림'의 도넛이 올려져 있었다. 그는 아내에겐 비밀로 해 달라며 천진난만하게 웃었다. 나는 교실 맨 앞자리에서 그의 한마디 한마디에 귀를 기울였다.

강의 중 누군가 드러커 경영대학원이 다른 학교와 차별되는 점이 무엇인지 물었다. 드러커는 즉각 이렇게 대답했다.

"우리는 함께 일합니다."We work together.

처음에는 '교수진이 함께 일하는 것은 당연하지 않나?' 싶었지만 곧이어 그 말의 속뜻을 알게 되었다. 교수진이 따로따로 매니지먼트를 가르치는 것이 아니라 매니지먼트라는 과제의 근본 목적과 올바른 리더의 자질을 공유하고 각 과목을 통해 그런 인재를 키워 내도록 가르친다는 얘기였다.

사실 대다수 경영대학원에서 교수들은 리더가 될 인재를 육성하기보다 각자의 연구나 논문에 집중하는 경향이 강하다. 그러다 보니 경영학에 속한 과목들이 소위 '낱개 판매' 형식이 되어 버린다. 회계는 회계만, 인사는 인사만 다루는 식으로 말이다. 그러나 드러커 경영대학원의 교수진은 빈번히 교수회의를 연다. 리더십, 재무, 기업 윤리, 전략, 조직행동론 등 각 과목의 교수들이 열띤 토론을 거쳐 '드러커 경영대학원에서 어떤 인재를 육성하고 싶은가', '이를 위해 각 분야의 강의는 어떻게 이루어져야 하는가'라는 답을 도출한다.

드러커는 경영학을 이루는 세부 요소들이 모두 중요하지만 이는 어디까지나 전체의 큰 목적 안에서만 가치를 지닌다는 사실을 강조했다. 나무보다 숲을 바라보는 시점은 비단 경영학을 배울 때만이 아니라 기업에서 차세대 경영자를 키울 때도 꼭 필요하다.

관리와 통제의 유혹을 뿌리쳐라

드러커는《매니지먼트》에서 이렇게 말했다.

매니지먼트의 첫 번째 과제는 각 부분의 합보다 더 큰 전체, 즉 투입한 자원의 총합보다 더 큰 것을 만드는 생산체를 창조하는 것이다.

다섯 명으로 이루어진 팀이면 여섯 명 이상의 능력을, 10명으로 이루어진 팀이면 11명 이상의 능력을 끌어내는 것이 바로 매니지먼트의 과제다. 이를 위해 매니저는 목적을 명확히 설정하고 팀 전체와 목적을 공유해야 한다. 목적이 공유되지 않는 조직은 시너지 효과는커녕 개인사업자 모임 같은 상태로 전락한다.

앞서 언급한 대로 지금껏 매니지먼트는 '관리'로 번역되어 그역할이나 공헌 범위가 지극히 한정되어 쓰여 왔다. 직장인들에게 매니지먼트가 규칙과 권한을 사용해 직원들을 관리하고 통제한다는 이미지로 통용되는 것이 그 증거다. 더욱 심각한 문제는 본래 기능이나 공헌이라는 뜻을 지닌 매니지먼트가 어느새 '직함'으로 사용된다는 사실이다. 리더도 원래는 숭고한 가치와 사명을 띤 말이었지만 '○○부 △△팀 리더'라는 직함으로 사용되면서 지극히 정적이고 사무적인 이미지를 풍기게 됐듯이 말이다.

나는 드러커에게 매니지먼트는 직함이 아니라 사람을 활용해 창조적인 성과를 낳는 책임이며 과제임을 배웠다. 이 생각은 유학을 마치고 벤처 기업에서 신규 사업개발을 담당했을 당시 매니지먼트를 하는 데 확고한 지침이 되어 주었다. 기존 상권 및 직원을 관리하는 일보다 불확실한 사업 환경 속에서 직원이 창의적으로 생각하고 서로 협력하면서 대처 방안을 제시할 수 있는 토대를 만들자고 다짐한 것도 드러커의 가르침 덕분이었다. 매니지먼트의 목적을 고려해 조직을 정비하는 과정에서 갖은 우여곡절이 있었지만, 자율적이고 책임감 있는 직원들이 점차 늘어나 동료와 소통하고 아이디어를 구체화하고 문제를 해결해 나가는 모습을 보았을 때 매니저로서 더없는 보람을 느꼈다.

만약 매니지먼트를 관리나 통제로 본다면 어떻게 될까? 불확실한 시장 상황에서 강한 리더십이 필요하다는 핑계로 매니저 권한을 강화하고 규칙이나 시스템 도입에 주력할 공산이 크다. 그 결과 직원들의 창조성이나 협동성이 저하되어도 그 원인이 관리나 통제에 있음을 깨닫지 못하고 한층 더 강한 관리나 통제 체제를 도입하는 악순환이 시작될 것이다. 매니저라면 누구나 명령이나 규칙으로 직원들을 관리하고픈 유혹에 빠진다. 하지만 나는 기업(특히 벤처 기업과 신규 사업 프로젝트)에서 관리와 통제를 강화하는 매니지먼트로 성공한 사례를 단 한 번도 본 적이 없다.

성과는 자유에서 시작된다

매니지먼트의 목표란 자유롭고 활기차게 일하는 사람과 조직을 만들어 성과로 연결하는 것이다. "매니지먼트는 교양이다." 이

말은 드러커가 생전에 누차 강조한 말이자 드러커 경영대학원의
이념이기도 하다. 그의 저서《새로운 현실》The New Realities에 이 내
용이 자세히 나온다.

> 매니지먼트란 전통적인 의미에서 교양이다. 지식, 자기 인식, 지혜 그
> 리고 리더십의 원리를 다룬다는 점에서 '자유로운 사고'liberal이며
> 이 원리를 실천하고 응용한다는 점에서 '기술'art이다. 경영자는 심
> 리학, 철학, 경제학, 역사학, 물리학은 물론 윤리학에 이르기까지 인
> 문학과 사회학에 대한 지식과 통찰력을 갖추어야 한다. 그리고 이를
> 효과적으로 활용해 확실한 성과를 거두어야 한다. 요컨대 지식과
> 통찰력을 바탕으로 환자를 치료하고 학생을 가르치고 다리를 건설
> 하고 사용자가 쓰기 좋은 소프트웨어 프로그램을 설계하고 판매해
> 야 한다.

이 말은 기존 매니지먼트에 대한 이미지를 완전히 뒤바꿀 만큼
내게 큰 충격으로 다가왔다. 덕분에 매니지먼트는 인간과 사회에
연관된 과제임을 깨달았다. '매니지먼트는 교양'이라는 말의 의미
에 대해 교수와 학생들은 자주 토론을 벌이곤 했다. 그 결과 매니
지먼트라는 말에 담긴 의미를 세 가지로 정리할 수 있었다. 첫 번
째는 매니지먼트란 직함이나 나이와 관계없이 누구나 배우고 실
천할 수 있는 교양이라는 것이다. 두 번째는 매니지먼트에 성공하

려면 단순한 비즈니스 지식만으로는 불충분하다는 점이다. 매니지먼트는 기능에 관한 것이자 인간에 관한 것이다. 사회과학인 동시에 인문과학이다. 따라서 매니지먼트를 하는 사람은 회계학, 인사노무학과 더불어 윤리, 문화예술, 사회, 심리, 경제, 역사, 정치 등 폭넓은 지식을 익힐 필요가 있다.

기업은 인간과 사회 속에서만 존재할 수 있다. 그러므로 기업을 보다 바람직한 형태로 발전시키기 위해서는 인간, 사회 그리고 그 사회를 형성해 온 역사적 식견이 필요하다. 역사상 인물들이 내린 결단, 문학작품에서 묘사된 인간군상, 윤리를 다루는 철학적 주제, 심리학 이론, 경제학적 접근 등을 통해 해답을 찾기 힘든 사업 과제의 힌트를 찾아낼 수 있다.

마지막 세 번째는 좀 더 심오한 의미가 있다. 매니지먼트는 중세 시대 이후 '교양'이라 일컬어진 학문들의 역할처럼 인간이 자유로워지기 위한 학문이라는 점이다. 매니지먼트의 성공이야말로 자유롭고 풍요로운 사회를 이루기 위한 조건이다. 다양한 규모의 조직에서 개성이 풍부한 기업가와 경영자가 활발하게 성과를 올리는 매니지먼트가 실현되지 않는다면 사회는 어떻게 될까? 드러커에 의하면 그런 사회는 전체주의에 도달하고 만다. 조직에 비유하자면 권력자 혹은 소수 집단이 모든 의사결정을 내리고 직원들은 군말 없이 따른다. 중간 관리자도 상부에서 내린 지시를 고스란히 전달할 뿐이다. 개개인의 자발성이나 아이디어 따위는 설 자리가 없다. 일하는 직원은 자유를 뺏기고 마음까지 다치고 만다.

사람이 자유롭고 행복하게 살려면 정치만으로는 부족하다. 선진국으로 여겨지는 나라의 기업들을 보면 성공적인 매니지먼트를 뒷받침하는 훌륭한 조직문화가 존재한다. 그러므로 매니지먼트란 인간이 자유롭게liberal 살기 위한 교양이자 성과를 올리기 위한 기술art이다. 드러커는 매니저가 익힌 폭넓은 감성 및 식견을 상품 및 소프트웨어 개발, 건설 등의 사업에 활용하라고 조언했다. 매니지먼트가 기계가 아닌 살아 있는 인간과 마주하는 것임을 고려하면 당연한 이야기다.

경영, 사람으로 성과를 거두는 일

현대사회는 전 세계 사람들과 실시간으로 교류하고 협동하는 시대다. 사무실에 모이지 않아도 집이나 근처 카페, 심지어 휴양지에서도 업무를 볼 수 있다. 더욱이 코로나 팬데믹으로 비대면 업무 흐름은 가속화되는 추세다. 화상 회의의 경우 효율성은 높지만 팀원들 간에 유대감을 형성하기 어렵다는 단점이 있다. 전통적 의미의 관리에 익숙한 상사가 화상 회의를 진행하면서 회의 내용보다 부하 직원들이 화면 앞에 몇 시간 머물렀는지를 더 신경 쓰는 웃지 못할 일이 발생하기도 한다.

팬데믹이 불러온 예상치 못한 변화처럼 앞으로 일하는 방식은 한층 다양해질 것이다. 이에 따라 전통적인 관리자 업무는 급감할 전망이다. 단, 매니지먼트만큼은 예외다. 본질적인 의미에서 매니지먼트의 필요성은 오히려 커질 것이다. 비대면 업무 환경이기에 더더욱 공통의 목적을 설정하고 직원들의 역량을 끌어올려 성과를 올리는 매니지먼트가 필요하기 때문이다.

매니지먼트의 목적, 즉 사람과 조직을 통해 성과를 낸다는 원칙 없이 일하는 방식만 바꾼다면 조직의 분열만 초래한다. 새로운 기입 환경에 적응하려면 진정한 의미의 매니지먼트를 배워야 한다. 그래야 새로운 환경에 적합한 방법과 규율이 생긴다.

나는 드러커의 경영 사상을 공부한 덕분에 어느 조직에 몸담게 되더라도 그 안에서 주체적으로, 그리고 타인과 융화되어 일할 수 있다는 자신이 생겼다. 사람과 사람이 모여 일을 하려고 할 때는 각자의 강점을 살려 창조성을 촉진하는 행위가 필수적이다. 매니지먼트를 배우면 자신이 주체가 되어 자유롭게 조직과 사람 속에서 살아갈 수 있다. 설령 매니지먼트 능력이 미약한 상사 밑에서 일하더라도 상사의 어떤 방식이 문제인지 파악할 수 있으므로 합리적인 방안을 제시해 문제 해결에 기여할 수 있다.

최근에는 젊은 직원이라도 능력과 의욕만 있으면 사외 관계자를 통솔하는 매니지먼트 업무를 담당하는 일이 늘었다. 이처럼 매니지먼트 원칙을 배워 두면 직무나 나이에 상관없이 프로젝트 안에서 주체적으로 일하게끔 하는 중요한 역할을 맡게 된다.

　마찬가지로 비록 작은 팀이라도 탁월한 성과를 거두면 기업 차원에서 주목받을 수 있다. 작은 성취를 디딤돌로 삼아 큰 성취를 이룰 기회가 생긴다. 실질적인 성공은 위에서가 아니라 아래에서부터 차근차근 쌓아 가는 것임을 기억하자. '매니저의 진짜 목표는 무엇인가'라는 질문과 이에 대한 답이야말로 경영의 성공을 가늠하는 척도다. 이것이 조직의 매니지먼트에 관해 고민할 때 수단보다 목적을 먼저 생각해야 하는 이유다.

　매니지먼트는 사람과 조직을 활용해 사회적인 성과를 올리고 결과적으로 개개인의 인생을 더 나은 방향으로 이끄는 일이다. 이 같은 매니지먼트의 진짜 목적을 알면 과도한 사무일에 시달리며 부담감으로 어깨가 무거운 관리자가 아니라 참된 보람과 고귀한 사명을 지닌 매니저의 가치를 깨닫게 될 것이다. 더 나은 사회와 회사를 만들기 위한 일은 국가나 최고 결정권자만의 몫이 아니다. 매니저 각자가 목적의식을 가지고 실천하는 행동이야말로 우리 사회를 발전시키는 성공의 열쇠다. 그리고 드러커는 우리가 이미 그 열쇠를 가지고 있다고 말했다.

제3장

고객의 '스피커'가 되어라

마케팅이라는 말은 경영학에 관심이 있다면 무척 친숙한 용어다. MBA에서 배우는 마케팅이라고 하면 SWOT(강점strength, 약점weakness, 기회opportunity, 위협threat) 분석, 3C(고객customer, 경쟁사competitor, 자사company) 분석, STP(시장세분화segmentation, 목표시장 설정targeting, 포지셔닝positioning) 분석, 4P(제품product, 유통place, 가격price, 홍보promotion)와 같은 프레임워크를 떠올리는 이들이 많을 것이다. 이러한 프레임워크는 수많은 경영서에서 자세히 다루기 때문에 업무에서 마케팅 관련 주제가 나오면 대부분 위의 프레임워크를 활용한 분석을 기대하는 것도 사실이다.

그러나 드러커는 마케팅이 분석에 지나치게 의존하는 것을 경계했다. 그보다 스스로 밖에 나가서 고객의 목소리를 듣고 고객이 무엇을 원하는지를 파악하는 노력을 기울이라고 강조했다. 데이터나 분석에 매몰되면 사업가에게 요구되는 기본적인 임무, 즉 고객의 니즈를 파악하고 그것을 충족시키는 일을 간과하기 쉽다. 아무리 규모가 커지고 업무가 복잡해져도 마케팅의 기본은 고객의 니즈를 파악해서 이에 맞는 상품과 서비스를 제공하는 것이다. 이를 뒷전으로 미루면 조직은 앞으로 나아가지 못한다.

방대한 마케팅 분석 자료가 넘쳐 나는데 고객 만족도는 왜 좀처럼 올라갈 기미를 보이지 않는 걸까? 데이터에 과도하게 의지하기 전에 '고객이 자사에서 구입하고자 하는 것은 무엇인가'라는 본질에 집중하는 것이야말로 진정한 마케팅이다. 분석, 전략, 프레임워크는 그것을 보충하는 수단에 불과하다.

마케팅을 조직의 매니지먼트와 분리해서 생각하는 사람도 있다. 마케팅은 전문가의 영역이고 매니지먼트는 관리자의 몫이라고 말이다. 그러나 드러커는 "고객 창조는 매니지먼트의 가장 큰 목적"이라고 말했다. 마케팅이 일부 전문 부서의 일이 아닌 매니지먼트의 핵심 과제라고 인식한 것이다. 경리팀이나 기획팀 등 지원 부서도 마찬가지다. 이들 부서가 하는 업무에 영향을 받는 타 부서가 존재한다. 그렇다면 이들도 마케팅 관점을 가져야 하지 않을까? 안타깝게도 오늘날 대부분의 기업이 고객과 직결된 영업 부서를 제외하면 고객을 지향하는 관점이 턱없이 부족하다.

고객은 조직이 외부에 내놓은 제품이나 서비스만 구매한다고 생각하기 쉽다. 하지만 고객은 그 제품과 서비스를 구현한 조직 내부 직원들의 성과까지 구매하는 것이다. 그러므로 조직의 어떤 부서도 고객을 창조하는 일에 소홀히 해서는 안 된다. 구성원 모두가 고객을 창조하지 못하는 조직은 존재 의미가 없다. 오직 고객의 지지만이 조직에 존재 의미를 부여한다. 기업의 목적이 고객 창조라면 마케팅은 이를 실현하는 도구다. 마케팅에 대한 논의가 건설적으로 이루어질수록 조직 내부 문제도 자연스럽게 해결된다. 조직이 안고 있는 개별적인 문제를 일일이 따지기보다 '고객 창조'라는 공통 목표에 대해 먼저 논의해 보자. 그러다 보면 조직이 함께 나아가야 할 길이 보인다.

이번 장에서는 현대 기업에서 흔히 볼 수 있는 마케팅 전략이 왜 성과로 연결되기 어려운지, 성과로 연결되기 위해서는 어떻게 해야 하는지 살펴보도록 하겠다.

CASE   고객이 왜 떠났는지 묻지 않은 마케팅 전략

오락기기 제조 회사 A는 수도권을 중심으로 노래방, 볼링, 오락실 등에 복합 놀이시설을 납품한다. 1990년대에 급성장해 단숨에 시장 점유율을 높였지만 2000년에는 인터넷, 2004년에는 SNS, 2010년에는 스마트폰 게임 산업의 발달로 방문객 수가 감소하는 중이다. 이제 오락기기 산업은 사양길에 접어들었다. 1980년대처럼 젊은 세대나 직장인이 오락실이나 볼링장에서 여가를 즐기던 시절은 지났다. 소비자들이 오락거리로 즐길 만한 상품 및 서비스가 늘어나면서 관련 시장은 경쟁이 더욱 치열해지는 추세다.

A사 경영기획부에 소속된 B(41세). 입사 이래 17년간 줄곧 현역으로 활약해 왔다. 놀이시설의 완성도를 높이고 회사 매출을 올리는 일에 사신의 인생을 바쳤다. 대리점 직원에서부터 시작해 실적을 인정받아 점장, 매니저 자리까지 올랐으며 작년부터 경영기획부로 발령받아 일하고 있다. 중기 계획을 설정하고 마케팅과 신규 서비스 전략을 세우는 것이 그의 주된 업무다. 발바닥에 땀 나도록 현장을 누비던 때와는 달리 사무직 업무에 적응하느라 고생이 이만저만이 아니었지만 그는 당당했다. 조직의 브레인들이 한데 모인 부서였지만 지금까지 수십 년간 고객이 100원짜리 동전, 1,000원짜리 지폐 하나라도 더 내고 자사의 제품을 이용하도록 노력해 왔다는 자부심이 있었기 때문이다.

부서 이동 후 6개월 지난 어느 날, B는 집행 임원인 C의 호출을 받았다. 신규 서비스 전략을 수립하는 팀의 책임자로 발탁된 것이다. 사장이 직접 챙기는 핵심 프로젝트로, 직속 상사인 C는 B에게 수시로 업무 상황을 보고하라고 지시했다. 부하 직원은 두 사람만으로 이루어진 그야말로 소수 정예 팀이었다. 거기에 유명 외국계 컨설팅 회사가 프로젝트 지원팀으로 들어왔다. 상주하는 매니저 한 명, 컨설턴트 한 명, 애널리스트 및 지원 인력 세 명으로 이루어진 팀이었다. 이들은 A사의 신규 서비스 전략에 대한 시장 타당성 조사, 타깃층 분석, 청취 조사 등을 실시해 경영진에게 올라가는 최종 보고서를 작성하는 임무를 맡았다. 보고회 준비를 위해 서로 협력할 일이 많았다.

컨설팅 비용은 한 달 약 1억 5,000만 원으로 2개월 반 동안 약 4억 원을 웃돌았다. A사가 프로젝트를 준비하며 외부 컨설팅 회사에 의뢰한 건 이번이 처음이었다. 상당한 비용 출혈을 감수하면서까지 컨설팅을 의뢰할 만큼 경영진들이 느낀 위기감은 무척 컸다. 나날이 기술이 발전하고 여가 관련 시장이 급변하고 경쟁이 치열해지는 상황이니 당연한 일이었다.

"조직 내부의 아이디어만으로는 부족한 점이 많습니다. 외부 인사를 고용해 적극 활용하도록 하세요."

사장은 입버릇처럼 이런 지침을 내렸다. 집행 임원 C는 외국계 금융기관에서 일했던 경험이 있었다. 대학원에서 경영학 석사학위를 받고 수치와 전략 이론에 능통한 그는 누구보다 외국계 컨설팅 회사와의 협업을 강력히 희망했다. 급격한 매출 하락과 수익률 저하로 누구보다 C 자신이 심각하게 위기감을 느끼고 있었기 때문이다.

기대와 우려 속에서 프로젝트가 시작되었다. A사 소속팀은 사내 데이터, 재무제표 등을 컨설팅팀에 신속하게 제공했고 데이터화하기 어려운 정보는 구두로 자세히 설명하기도 했다. 이른 아침부터 밤늦게까지 회사에서 살다시피 하는 나날이 한 달 반 동안 이어졌다.

임원 대상 중간보고회가 다가왔다. 컨설팅팀이 정리한 분석 자료에는 정확하게 분류된 운영 과제들과 각 과제 사이의 상관관계, 발생 배경 등이 파워포인트로 일목요연하게 정리되어 있었다. 새로운 운영 방안은 우선순위가 높은 것부터 순서대로 정리하여 소셜네트워크 게임 업계와 협업, 타 업종 유명 기업과 제휴, 해외에서 유행 중인 엔터테인먼트 요소를 도입한 새로운 어트랙션 등을 제시했다. 각각 투자 대비 효과를 나타낸 시뮬레이션도 곁들였다. 보고서 말미에는 해당 컨설팅 기업의 높은 실적과 성공 사례가 실려 있었다.

분석 자료를 본 B는 어안이 벙벙했다. 지금까지 이토록 논리적이고 분석적인 업무 방식을 경험한 적이 있었던가. 간혹 컨설팅 팀원들과 점심이나 술자리를 함께할 때 그들이 나누는 이야기가 딴 세상처럼 느껴지긴 했다. 책이나 잡지에서 들어 본 전문적인 용어로 업무와 관련된 사회 이면의 현상을 열정적으로 토론하는 모습이 낯설면서도 부러웠다. 자신이 지금까지 유지해 온 관점과는 전혀 다른 관점에서 사업과 회사를 생각하고 있었다. 심지어 컨설팅 팀원들은 자기보다 적게는 다섯 살, 많게는 열 살이나 어렸다. 그들에게 크게 자극받은 B는 반드시 프로젝트를 성공시켜 자신도 성장하겠다고 마음먹었다.

중간보고회에서는 컨설팅팀뿐 아니라 그가 속한 팀도 중요한 역할을 맡았다. 향후 회사가 목표로 해야 할 신규 서비스 및 신형 어트랙션에 관한 아이디어를 제안하는 내용이었다. 컨설팅팀에서 배운 과제 정리 프레임워크를 활용해 아이디어 분석 내용을 작성했다. 부하 직원 두 명도 분석 기법에 익숙해져 보고 자료의 완성도를 높이는 데 힘을 보탰다. 가능한 한 구체적인 계획까지 포함하기 위해 웹사이트나 새로운 미디어 매체를 활용한 프로모션 전략, 쿠폰이나 포인트와 연동한 판매 전략 등 세부적인 측면까지 마케팅 아이디어를 채워 나갔다. 전략을 실행하는 데 조직 내부에서 지원해야 할 과제, 인재 배치 등도 자세히 정리하느라 날마다 철야가 이어졌다. 참고 데이터까지 합치면 프로젝트 중간보고 자료는 100페이지를 넘는 분량이었다.

중간보고회를 일주일 앞둔 주말, B는 집에서 프레젠테이션을 연습하느라 여념이 없었다. 그는 준비 중인 프레젠테이션 내용을 대략 설명하고 아내에게 조언을 구했다. 사내 커플로 결혼한 아내 역시 둘째 딸을 출산하며 육아 휴직에 들어가기 전까지 일선에서 열정적으로 일하던 사람이었다. 전례 없이 유창하게 설명을 이어가는 남편을 보며 아내는 감탄한 표정으로 입을 열었다.

"어려운 용어는 이해하기 힘들지만 대단한 내용인 건 알겠어. 지금까지 A사에서 보기 어려웠던 논리적인 분석이고 향후 전략에 근거로 제시한 참고 사례도 스케일이 남달라. 그런데 왠지…."

그녀는 말끝을 흐렸다.

"왠지 뭐?"

"뭔가… 이것이 우리 회사에서만 가능한 일일까 싶어서. 정말 우리 고객이 원하는 걸까? 고객은 여태껏 왜 우리 회사의 서비스를 이용해 왔을까? 고객 수는 예전에 비해 줄어들었지만 지금까지도 고객들이 우리 회사의 서비스에 돈과 시간을 쓰는 건 어떤 만족과 가치를 느끼고 싶어서가 아닐까?"

예상치 못한 대답이었다. 고객이 앞으로 무엇을 얻고자 매장을 찾아 줄까. 그런 단순한 질문은 할 시간도 없었을뿐더러 그런 것은 당연히 이해한다고 믿었다. 하지만 아내의 물음에 그는 말문이 막혀 버렸다. 방대하고 치밀한 프레젠테이션 자료를 보면서 중요한 무언가가 빠져 있다는 느낌이 들었던 건 사실이다. 지금까지 자신이 매장에서 고객들, 직원들과 교류하며 고민해 왔던 그것이야말로 고객이 원하는 가치와 만족이 아니었을까?

단번에 모든 퍼즐이 맞춰지는 느낌이었다. 그는 알고 있었다. 이 물음은 컨설팅팀이 아닌 바로 자신이 긍지와 열정을 가지고 답해야 한다는 것을 말이다.

• • •

눈앞의 한 사람을 팬으로 만들 수 있는가

위 사례는 일반 회사에서 흔히 보는 일이다. 정교한 분석, 화려한 프레젠테이션이 사람들의 시선을 현혹하는 동안 정작 사업의 본질은 사라지고 있다. MBA 과정에서 내 전공은 경영전략 이론과 리더십론이었다. 전략 프레임워크 활용법과 그 효과는 충분히 알고 있다. 그러나 사업이란 고객에게 기쁨을 주는 가치를 제공하려는 마음으로부터 출발한다. 이러한 전제 없이는 아무리 정교한 프레임워크나 분석도 힘을 잃는다.

> 기업의 유일한 목적은 고객 창조다. 이것을 만족시키기 위해 기업은 마케팅과 혁신, 이 두 가지 기능만을 갖는다.

드러커가 《매니지먼트》에서 했던 유명한 말이다. 첫 문장의 원문은 'There is only one valid definition on of business purpose: to create a customer'다. 'create a customer'에서 굳이 'a'라는 단수형을 사용한 점이 흥미롭다. 단 한 사람이라도 고객, 팬으로 만들 수 있을 만큼 간절한 마음이 제품이나 서비스에 담겨 있지 않으면 수많은 사람을 핵심 고객으로 만들기 어렵다는 메시지가 아닐까?

이번 사례도 실제 있었던 일에 근거한 이야기다. B는 큰 시장을

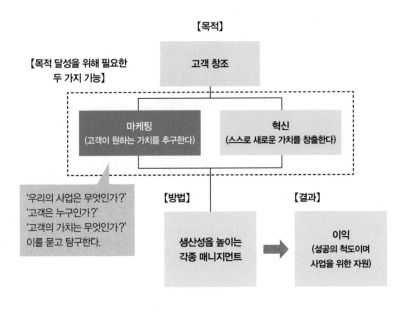

◈ 기업의 목적 달성을 위해 필요한 마케팅

【목적】

고객 창조

【목적 달성을 위해 필요한
두 가지 기능】

마케팅
(고객이 원하는 가치를 추구한다)

혁신
(스스로 새로운 가치를 창출한다)

'우리의 사업은 무엇인가?'
'고객은 누구인가?'
'고객의 가치는 무엇인가?'
이를 묻고 탐구한다.

【방법】

【결과】

생산성을 높이는
각종 매니지먼트

이익
(성공의 척도이며
사업을 위한 자원)

공략한다는 목표로 치밀하고 논리적인 마케팅 전략을 세웠지만 자기 가족을 설득하는 것조차 실패했다. 'create a customer'가 얼마나 어려운 일인지 상징적으로 보여 주는 내용이다.

자동차든 오토바이든 음악 기기든 지금까지 대히트를 친 제품들을 한번 떠올려 보자. 어떤 제품이든 '이 사람에게 깜짝 놀랄 만한 제품을 보여 주고 싶다', '저 사람은 반드시 살 것이다'라는 발상에서 비롯되는 경우가 많다. 기획자 자신이 해당 제품의 '마니아'라서 자기 자신이라면 틀림없이 구입하고 주변에도 자랑하고 다닐 것 같은 제품을 기획한 예도 있다. 기업의 규모가 커질수록 업무가 세분화되고 복잡한 분석 기법이 필수처럼 인식되곤 한다. 그러나 사업의 본질이란 지극히 '단순한 것'이다. 그리고 단순한 발상은 오직 인간만이 할 수 있다.

덧붙여 드러커가 사용하는 'customer'의 번역어는 '고객'이다. 사전에서 찾아보면 '단골'이라는 설명도 같이 나온다. 이는 드러커가 말한 'customer'에 내포된 의미와 일맥상통한다. 어쩌다 우연히 자사 제품을 선택하는 것이 아니라 강력한 신뢰감을 가지고 오직 자사의 제품만을 선택하는 '팬'을 만드는 것, 그것이야말로 'create a customer'의 진정한 의미다.

우리의 사업은 무엇인가

드러커는 강의나 컨설팅에서 다음과 같은 다섯 가지 질문을 던지는 것으로 유명하다.

1. 우리의 사업은 무엇인가? What is our business?

2. 고객은 누구인가? Who is our customer?

3. 고객의 가치는 무엇인가? What does the customer value?

4. 성과는 무엇인가? What are our results?

5. 계획은 무엇인가? What is our plan?

소규모 상점 주인이든 GE의 전 회장 잭 웰치 같은 저명한 경영자든 드러커는 이야기를 시작할 때 첫 번째 질문 "당신의 사업은 무엇인가?"로 서두를 뗐다. 이 질문의 본질은 '당신은 어떤 사명으로 일을 하는가?'라고 할 수 있다. 당신이 어떤 제품 혹은 서비스를 제공하는가가 아니라 사회와 고객에게 어떤 가치를 제공하고 어떤 공헌을 하는지를 묻는 것이다. 바로 사업의 궁극적인 정의에 관한 이야기다.

드러커는 학생들에게도 '자신은 누구이며 무엇을 사명으로 삼아 행동하는가'를 생각하라고 강조했다. 내가 드러커 경영대학원에서 들었던 그의 첫 강의도 "항상 자신이 누구인가를 묻고 스스로 그 대답에 책임을 져야 한다."는 말로 시작되었다. 나는 이 말을 지금까지도 내 삶의 좌우명으로 삼고 있다. '우리의 사업은 무엇인가?'는 영리 조직, 비영리 조직, 학교, 병원, 지자체 등 모든 조직이 사업을 이끌어 가는 데 핵심축이 되는 질문이다. 이를 명확히 규정해야 사업의 정의와 사명이 분명해지고 향후 성장하기 위한 구체적인 목표를 설정할 수 있다. 분석 기법이나 프레임워크 같은 방법론은 그다음이다.

드러커에 따르면 '우리의 사업은 무엇인가?'라는 물음은 말처럼 그리 쉽게 대답할 성질의 것이 아니다. 자동차 회사에 근무한다면

차를 판다고 할 테고 은행에 근무한다면 돈을 빌려준다고 할 테고 식당을 운영한다면 음식을 판다고 대답할 것이다. 하지만 이런 답은 어디까지나 피상적인 표현일 뿐 사업의 본질이 담겨 있지 않다.

매니지먼트의 본질적인 첫 번째 목적은 조직의 특정한 사명을 아는 것이다. 사업의 정의에는 특유의 사명을 담아야 한다. 세상에 싸고 맛있는 음식은 무수히 많다. 치열한 경쟁 속에서 소비자를 사로잡으려면 어떻게 해야 할까? 조직의 특정한 사명과 가치가 무엇인지 우선적으로 자문해 보면 사업전략에 관한 힌트를 얻게 될 것이다. 특정한 사명을 고민하다 보면 조직 구성원들의 동기부여나 자부심 향상은 저절로 따라온다. '다른 회사도 하니까 우리도…' 같은 전략은 사기를 떨어트리고 직원들의 창의성도 저하시킨다. 그 결과 소모적인 가격 경쟁으로 이어져 조직 전체가 흔들릴 수 있다.

앞에서 소개한 A사를 떠올려 보자. A사는 대대적으로 프로젝트를 시작하기에 앞서 '우리의 사업은 무엇인가', '앞으로 우리의 사업은 어떻게 되어야 하는가'라는 근본적인 질문부터 마주했어야 했다. 이 단계를 거치지 않고 세부적인 분석에 들어가면 알맹이 없는 말 잔치로 끝날 뿐이다.

여기에 '쉽게 대답하지 못할 질문이니 꼼꼼하게 분석하겠다'는 반론도 있을 수 있다. 하지만 사업이 무엇인지 답하는 데 필요한 것은 방대한 데이터를 활용한 분석이 아니라 내면에서 우러나오는 통찰과 대화다. 우선 자신이 가진 정보와 경험, 마음속에 담긴 진심, 공헌하고자 하는 소망 등 내면의 목소리와 깊은 대화를 나누자. 쉽게 대답하지 못할 질문이므로 더더욱 심사숙고해야 한다. 스스로 통찰의 시간을 갖고 답을 내지 않으면 데이터나 분석 기법으로 화려하게 치장한 프레젠테이션을 발표해도 고객의 마음에 아무런 감동도 주지 못한다.

그렇다고 외부 컨설턴트를 부르지 말라는 얘기로 오해하지는 않기를 바란다. 세상에는 훌륭한 전략 컨설턴트들이 많다. 앞에서 언급한 사례의 경우, 사내 역량으로는 부족한 부분을 우수한 외부 인재가 보완하도록 컨설팅 회사에 의뢰한 경영진의 판단은 틀리지 않았다. 그러나 외부 인재의 능력에 100퍼센트 의존해서는 위험하다. 외부 인력의 도움을 받기에 앞서 사내 담당자들 간에 우리의 사업은 무엇인지에 대한 본질적인 논의가 필요하다. 일단 튼튼한 줄기를 세우면 상세한 분석이나 과제 정리와 같은 나뭇잎은 알아서 울창하게 자라난다.

팔기 위해 애쓰지 마라, 사려는 것만 팔아라

'우리의 사업은 무엇인가'를 자문해서 사명을 인식하고 어느 분야에 뛰어들 것인지가 명확해지면 다음 질문으로 넘어갈 차례다. 우리의 고객은 누구이며 그들은 무엇을, 왜 구입하는지에 대한 질문이 그것이다.

사업이 목적을 달성하려면 무엇이 필요할까? 첫 번째로 '고객'이 있어야 하고 두 번째로 고객이 자사 제품 및 서비스를 구입할 마음이 들게 하는 '가치'가 있어야 한다. 고객에 대해 세심히 파악하지 않으면 아무리 거룩한 사명, 목적을 내세운들 구체적으로 고객의 니즈를 충족시킬 수 없다.

안타깝게도 고객이 누구이며 무엇을 가치 있게 여기는지를 면밀하게 고민하는 조직을 찾아보기 힘들다. 대부분의 조직들이 웹사이트를 활용한 마케팅 전략이나 다양한 미디어와 제휴한 판매 촉진 방안을 수립하는 등 수단에 초점을 맞추다 보니 본질적인 물음은 뒷전이 되고 만다. 일류 기업에서 최고의 실적을 올리는 영업 전문가도 '고객이 원하는 가치란 무엇인가'에 대해 진지한 답을 내놓지 못한다. 경제 호황기에는 이런 고민 없어도 어느 정도 성과가 나왔을지 모른다. 하지만 지금은 일류 영업 전문가도 물건 하나 팔기 어려운 시대다. 이제라도 고객이 생각하는 가치를 제대로 살피지 않으면 매출 증가는 고사하고 현 상태를 유지하는 일조차 힘들어질 것이다. 철저히 고객의 시점에서 생각해 보자. 그들은 왜 이 제품을 구입했고 이 제품에서 어떤 가치를 찾아내는가?

드러커는 이렇게 말했다.

"기업이 팔고자 하는 물건을 고객이 사는 경우는 드물다."

비아냥이 아니라 사실이다. 정보시스템을 개발하는 회사는 시스템을 구축하고 납품해 대가를 받는다고 생각하지만, 그 시스템을 구입하는 고객은 기능을 살피기 전에 업무 흐름에 대한 솔직한 조언을 받을 수 있으리라 기대할지도 모른다. 최첨단 기술이나 애플리케이션을 활용한 방법보다 직원들이 손쉽게 사용할 만한 시스템을 바랄지도 모른다. 그러나 대부분의 회사들은 고객이 원하는 가치가 무엇인지 고려하지 않은 채 상품개발 회의 및 영업 회의에서 제품 판매율을 높이기 위한 논의에만 몰두한다.

회사가 팔고자 하는 물건을 고객이 사지 않는다면 어떻게 될까? 당장 회사는 손실을 본다. 설령 지금 당장은 물건이 팔린다 해도 고객이 가치 있다고 느끼는 것을 기업이 제대로 파악하지 못하면 얼마 안 가 좋지 않은 결과가 나타난다. 음식점을 예로 들어보자. 평소 분위기 좋은 단골집이 리모델링 공사로 특유의 분위기가 없어져 발걸음을 끊거나 좋아하던 메뉴가 사라져 더 이상 가지 않게 되는 일이 있다. 가게가 조금만 세심하게 고객이 원하는 가치를 살폈다면 이런 실수로 고객을 잃는 일은 없을 것이다. 하지만 실제로 이와 같은 일은 비일비재하게 일어난다.

드러커 경영 이론의 근간은 인간 중심주의다. 그는 매니저나 현장 근로자의 상상력과 사고력을 중요시하라고 강조한다. 분석 기

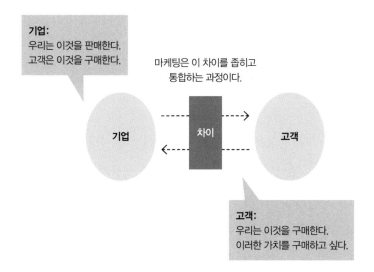

◈ 마케팅의 정의

기업:
우리는 이것을 판매한다.
고객은 이것을 구매한다.

마케팅은 이 차이를 좁히고
통합하는 과정이다.

기업

차이

고객

고객:
우리는 이것을 구매한다.
이러한 가치를 구매하고 싶다.

고객이 원하는 가치와 기업이 제공하는 가치 사이에는 차이가 발생하기 쉽다. 이 차이가 점점 더 벌어지면 여러 가지 경영상의 잘못된 의사결정으로 이어지게 된다(투자, 조직체계, 영업, 광고, PR, 구조조정 등).

법, 프레임워크 같은 방법론은 부차적인 도구일 뿐이다. 성공한 기업가들은 예외 없이 고객을 만족시키고 싶다는 마음에서 비즈니스를 시작했다. 분석 기법만으로 비즈니스 전략을 세운 예는 없었다.

　모름지기 매니지먼트를 하는 사람이라면 부차적인 분석에 매몰되지 않고 우리의 고객은 누구이며 그들이 무엇을 구입하고 어떤 가치를 찾는지에 집중해야 한다. 앞의 사례에서 아내의 한마디는

B가 매니저로서 고객에 대한 자신의 인식을 다시 생각해 보는 계기가 되었다. 성과를 올리는 조직은 프로젝트 직원끼리 이러한 질문을 함께 공유하고 답을 찾아가는 환경을 갖추고 있다.

"부하 직원의 동기부여를 높이는 최고의 방법은 업무 생산성을 높이는 것이다."

여기서 업무 생산성을 높인다는 말은 투입하는 자원을 줄여 이익을 늘린다는 뜻이 아니다. 진정한 의미의 생산성은 무엇일까? 드러커는 생산성 향상이란 고객가치를 생산하는 일은 늘리고 그렇지 않은 일은 폐기하는 것이라 정의했다. 이는 일하는 사람의 동기부여와 깊은 관련이 있다.

누구를 만족시키는지도 모르는 업무를 하는 것만큼 동기부여가 저하되는 일은 없다. 드러커는 '부하 직원에게 동기부여를 하려면 어려운 이론을 공부하기보다 고객의 기쁨과 가치로 이어지는 일을 늘리라'라고 말했다. 조직 내부에서 일을 하다 보면 관성에 갇혀 본래 목적을 생각하지 못할 때가 많다. 이럴 때 매니저는 '우리의 사업은 무엇인가, 고객이 누구인가, 고객이 원하는 가치는 무엇인가'라는 질문을 되새기면서 부하 직원의 업무 방향을 이끌고 일하는 보람을 안겨 줘야 한다. 비단 영업, 마케팅 부서만이 아니라 제조, 서비스, 법무, 총무 부서에도 해당하는 얘기다. 어느 부서든 자신의 업무로 고객이 기뻐하는 모습을 보고 싶어 하지 않을 직원은 없을 것이다.

현장감 있는 메시지를 수집하라

드러커는 IT 발전에 큰 기대를 걸었다. 내가 드러커 경영대학원에서 유학하던 2002~2004년은 인터넷과 IT 기술이 눈부신 발전을 거듭하던 때였고 드러커 자신도 기술 발달이 가져올 미래를 자주 언급했다. 그러면서도 그는 "기업에 있는 정보 대부분이 기업 내부의 것이며 '고객이 원하는 것은 무엇인가'라는 가장 중요한 정보는 아직 축적되지 않았다."라고 지적했다.

최근 SNS 댓글들을 보면 소비자들이 어떤 상품을 원하는지 힌트를 얻을 수 있다. 하지만 순간적 감상을 기록한 짧은 댓글이라면 아무리 집계해도 고객이 본질적으로 원하는 가치를 이해하긴 힘들다. 이를테면 학교 경영팀 직원이 교내 게시판에 올라온 학생들의 건의 사항을 집계했다고 생각해 보자. 당장 표면화된 문제를 해소하거나 요구 사항 수집에 도움이 될지는 몰라도 중장기적인 경영전략에 유용한 정보는 얻지 못할 것이다.

드러커는 늘 마케팅의 기본이 '고객과 대화하기'에 있다고 말했다. 일찍이 창업가들은 이를 당연시 여겼다. 늘 고객과 대화하고 그들이 무엇을 원하는지를 살피고 요구에 부응할 만한 제품이나 서비스를 만들고자 노력했다. 모든 고객과 대화하는 건 실질적으로 불가능하겠지만 열 명 혹은 스무 명가량의 핵심 고객층과 심도 깊은 대화를 나누다 보면 그들이 진정 원하는 것이 무엇인지 알 수 있다. 사실 고객이 무엇을 원하는지 고객 자신도 진지하게 대화를 나누기 전에는 깨닫지 못하기도 한다.

"고객을 대상으로 여러 차례 설문 조사를 실시해도 흔한 피드백만 돌아올 뿐 실속 있는 답변이 없다."고 말하는 사람도 있다. 임원이나 경영진 중에서도 이런 말을 하는 사람이 많은데, 유감이지만 고객이 답변을 안 해 준 것이 아니라 당신이 답변을 찾지 못한 것이다. 고객가치에 대한 충분한 고민 없이는 무의식 아래 감춰진 고객의 니즈를 찾아내 정리하고 이를 언어로 표현하기가 쉽지 않다.

사업을 시작하는 사람이 고객이 무엇을 원하는지 모른다는 건 어불성설이다. 그렇다면 애당초 사업을 할 이유가 없을 테니 말이다. 누누이 강조하지만 고객의 가치를 철저하게 탐구하고 그것을 충족시키는 제품 및 서비스를 제공해 수익을 창출하는 것이 사업의 본질이다. 내가 법인 관련 사업을 운영하던 시절, 제안서와 기획서를 작성하는데 좀처럼 진도가 안 나갈 때가 있었다. 그럴 때면 고객을 찾아가 "당신은 어떤 가치를 원합니까?"라고 단도직입적으로 묻곤 했다. 무작정 물었기 때문에 당황하는 고객도 있었지만 내 질문을 계기로 차분히 생각해 보고 답을 주는 고객도 있었다. 이런 고객들에게서 도움이 되는 정보들을 많이 얻었다. 만일 당신의 조직 내부에 '고객에게 가치를 묻는 질문을 해선 안 된다'라고 말하는 사람이 있는가? 단언컨대 그는 조직의 성과를 최우선으로 여기지 않는 사람이다. 어쩌면 절차를 지나치게 고집하는 사람일 수도 있다. 어느 쪽이든 좋은 제안과 기획을 만드는 데 아무런 도움이 되지 않는 건 마찬가지다.

드러커는 단순한 말로 본질을 건드려 수많은 기업가와 경영자에게 절대적인 지지를 얻어 왔다. 나름대로 그의 메시지를 해석하자면 '경영자 및 매니저들이여, 본질로 돌아가라'로 요약할 수 있다. 본질이란 무엇일까? 고객과 끊임없이 대화하고 그들의 니즈를 파악하는 것이다. 모든 사람과 얘기할 순 없어도 일정 인원의 고객과 차분히 대화하는 건 어렵지 않다. 대부분의 경우 보이지 않는 수만 가지 데이터보다 직접 고객과 마주하며 나눈 수십 번의 대화가 더 유용하다.

드러커는 아무리 정교한 분석 기법이라도 그것이 비즈니스 주체가 될 수는 없다고 말했다. 제품과 서비스를 팔고 비즈니스를 하는 대상은 살아 숨 쉬는 인간이다. 그러므로 기업에 활기를 불어넣으려면 드러커가 중시한 인간으로 다시 돌아가야 한다.

고객, 모든 업무의 의사결정자

반복하지만 마케팅과 매니지먼트를 별개로 보는 관점은 지극히 현실과 동떨어진 것이다. 기업의 목적은 고객 창조라는 점을 고려하면 두 가지는 불가분의 관계다. 마케팅이 고객의 니즈를 파악해

충족시키는 제품과 서비스를 제공하는 활동이므로 고객을 창조하려면 반드시 마케팅이 필요하며 매니지먼트는 마케팅 효과를 높이는 데 기여한다. 따라서 기업이 구체적인 성과를 올리고자 한다면 매니지먼트와 마케팅 기능을 모두 향상시켜야 한다. 관리에만 집중하고 고객 창조에 책임을 지지 않는 사람은 매니저 자격이 없다.

핵심은 직원들의 시선을 눈앞의 업무에서 성과와 공헌으로 향하게 만드는 것이다. 성과와 공헌은 고객 창조와 직결된다. 드러커의 다섯 가지 질문에서 네 번째가 성과에 관한 점이라는 사실을 기억하자.

그렇다면 성과를 어떻게 정의할 것인가? '이 프로젝트로 성과를 올리자', '반드시 성과를 내야 한다'처럼 사람들은 성과를 매우 일상적으로 이야기한다. 그런데 정작 성과가 무엇인지를 물으면 정확히 대답하는 사람은 거의 없다. 성과를 지향하자면서 정작 성과가 무엇인지 확실히 알지도 못한 채 프로젝트를 진행한다. 농담 같지만 대다수 현장에서 지금도 일어나는 일이다. '목표로 삼을 성과는 무엇이며 성과는 어떻게 고객을 창조하는가.' 이것이 명확하지 않으면 조직은 성과라는 목적지에 도달하기 전에 각자 제멋대로 발걸음을 옮기기 시작한다. 쓸데없는 회의를 지속하고 불필요한 분석 기법을 도입하는 등 본래 목표와 상관없는 일에 불필요하게 에너지와 시간을 낭비하는 식으로 말이다.

실적만이 성과가 아니다. 이것만을 지표로 삼으면 조직은 흔들리기 시작한다. 수치를 맹신하다 보면 인간이 지닌 창조성이 무시되고 수치 향상을 위해 물불 가리지 않는 경향이 심해진다. 최악의 경우 고객을 희생시켜서라도 눈앞의 실적을 올리겠다는 직원들이 생겨난다. 그 결과 그래프상 수치는 올라가도 고객 창조 효과는 저조해지는데 이는 결코 성과라고 할 수 없다.

판매 촉진 이벤트, 조직 개편, 인재 육성 연수 등 기업이 어떤 활동을 개시하기 전에 '이 활동으로 얻고자 하는 성과는 무엇인가', '그 성과가 어떻게 고객 창조로 이어지는가'를 직원들이 함께 논의하고 답을 공유해야 한다. 이것이야말로 고객을 창조하는 조직을 만드는 비결이다. 매니저는 지엽적인 과제에 빠지기 쉬운 직원들의 의식을 성과와 공헌으로 향하게 할 책임이 있다.

마케팅의 성패를 가르는 질문

좋은 기업을 한마디로 정의한다면 무엇일까? 바로 '고객을 창조하는 기업'이다.

기업이 제공하는 제품 및 서비스의 가치를 인정하고 그것에 대해 기꺼이 비용을 지불하는 사람을 우리는 고객이라고 부른다. 한 명이라도 많은 고객을 만들고자 직원들 각자가 강점을 발휘하고 약점은 보완하며 커뮤니케이션하는 조직. 사소한 문제보다 고객 창조라는 목적을 향해 다양한 역량을 지닌 사람들이 협력하는 조직. 이런 조직이라면 실적은 올라가고 일자리도 유지되며 새로운 사업도 순조롭게 성장한다. 그 결과 조직에 속한 사람들은 경제적·정신적으로 행복해지고 그들의 가족도 행복해진다.

기업은 직원을 소중히 여기고 함께 고객 창조를 추구해야 한다. 직원이 소중해지면 고객도 소중해진다. 반대도 마찬가지다. 조직 운영과 고객 창조란 떼려야 뗄 수 없는 요소다.

드러커가 이처럼 고객과 고객가치에 중점을 둔 매니지먼트 이론을 강조한 이유는 무엇일까? 그것이 인간과 사회를 행복하게 만드는 토대가 되기 때문이다. 근로자가 고객이 원하는 가치를 만들어 내는 데 전력을 기울이면 창의성이 살아나고 일할 보람도 높아진다. 그렇게 되면 결과적으로 회사와 사회의 경제적 효과도 커진다.

"우리의 사업이란 무엇인가?"

"고객은 누구이며 그들은 우리 회사의 무엇을 가치 있게 보는가?"

이 질문에 직원들이 진지하게 답을 찾고 모든 활동이 이러한 물음으로 시작되는 조직이야말로 좋은 마케팅을 실천하는 조직이자 고객을 창조하는 조직이다. 마케팅의 성패는 직원들이 위의 질문을 항상 염두에 두고 행동하는가에 달려 있다. 매니저는 안이해지기 쉬운 직원들의 의식을 올바른 방향으로 향하도록 이끌어 가야 한다. 이것이야말로 드러커가 진심으로 전하고 싶었던 메시지일 것이다.

제4장

행운의 여신을
기다리지 마라

The Lessons of Peter F. Drucker

드러커의 경영 이론에서 이노베이션, 즉 혁신은 대단히 중요한 주제다. 드러커는 혁신 없는 조직은 살아남을 수 없으며 조직의 총합인 사회도 성립하지 못한다고 단언했다. 매니저가 반드시 갖추어야 할 요건으로 그가 혁신을 꼽은 이유가 여기에 있다.

인간은 본래 창의적인 존재다. 사소한 발견에도 감동하고 마음이 움직이면 시키지 않아도 스스로 창조성을 발휘해 기발한 아이디어를 낸다. 드러커는 창조성이야말로 인간이 가진 타고난 강점이라 여겼으며 매니저가 직원들의 창조성을 활용하면 뛰어난 성과를 올릴 수 있다고 믿었다. 내가 드러커 경영대학원에 지원할

당시 학교 이념에 이런 구절이 있었다.

"드러커의 매니지먼트 철학을 계승한 우리는 매니지먼트란 그야말로 인간적인 행위라고 믿는다."

이익 극대화를 위한 비즈니스 도구로서가 아니라 '인간을 위해' 매니지먼트를 배운다는 강한 신념이 담겨 있다.

경영을 이렇게 인간적인 측면에서 생각해 본다면 창조나 혁신이 더욱 필수적이라는 사실을 알게 된다. 다만 사람이 모이는 조직에서 혁신이 지나치게 기술적인 부분에 국한되고 큰돈을 투자해야만 실현 가능한 일로 인식되는 것은 우려스럽다. 그렇게 되면 경영진은 투자 대비 효과를 고려해 혁신을 우선순위에서 배제해 버린다. 하지만 앞서 인용했던 드러커의 말을 다시 한번 기억할 필요가 있다.

"기업의 유일한 목적은 고객 창조다. 이것을 만족시키기 위해 기업은 마케팅과 혁신, 이 두 가지 기능만을 갖는다."

마케팅은 고객의 니즈를 파악해서 제품과 서비스를 제공하는 활동이며, 혁신은 고객에게 새로운 만족을 창출하는 활동이다. 두 가지 모두 고객을 창조하는 기능이 있지만 접근법은 다르다. 그 차이에 대해서는 뒤에서 자세히 설명하겠지만 마케팅과 혁신의 역할에 대해 진지하게 논의하고 검토하는 것이야말로 기업이 성장하는 열쇠다. 다른 업무가 효율적으로 진행되고 있어도 마케팅과 혁신이 제대로 이루어지지 않으면 조직은 언젠가 난관에 봉착

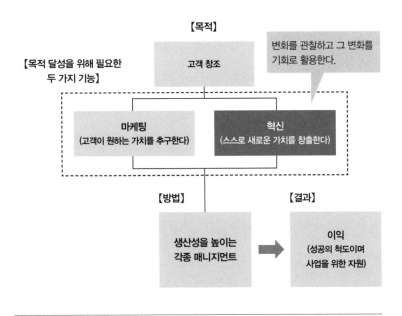

◆ 기업의 목적 달성을 위해 필요한 혁신

【목적】

고객 창조

변화를 관찰하고 그 변화를 기회로 활용한다.

【목적 달성을 위해 필요한 두 가지 기능】

마케팅
(고객이 원하는 가치를 추구한다)

혁신
(스스로 새로운 가치를 창출한다)

【방법】

생산성을 높이는 각종 매니지먼트

【결과】

이익
(성공의 척도이며 사업을 위한 자원)

하고 만다. 고객 중심의 관점이 결여된 기업은 목적을 잃고 표류하는 선박이나 다름없기 때문이다.

매니저 중에 마케팅이나 혁신을 모르는 사람은 없을 것이다. 하지만 그들 중 직원들과 마케팅과 혁신을 진지하게 논의해 본 사람은 얼마나 될까? 당장 눈에 보이는 매출액, 투자, 조직 개편, 인사제도를 신경 쓰는 데만도 시간이 부족한 게 현실이다. 수치나 당면한 과제 해결도 물론 중요하다. 그러나 이러한 문제에만 에너지를 쏟은 나머지 마케팅과 혁신을 도외시하면 머지않아 조직 전체가 흔들린다. 마케팅과 혁신은 회사가 성과를 올리는 핵심 동력이기 때문이다.

지금까지 드러커 매니지먼트의 근본은 관리나 통제보다 창조, 혹은 창조적 발견에 있다고 거듭 이야기했다. 모든 기업은 미래를 준비해야 한다. 현재에 안주해서는 미래를 보장받지 못한다. 구성원이 창의력을 발휘해 고객이 원하는 새로운 니즈를 창조하지 못하면 기업의 미래는 없다. 기업이 혁신을 위해 모든 노력을 기울여야 하는 이유는 이 때문이다. 혁신에 성공한 조직에서는 자원, 특히 인재라는 자원이 생산성을 높이는 데 기여한다. 조직 생산성이 올라가면 성과도 올라가고 일자리도 생긴다. 반면 혁신에 실패한 조직은 자원을 제대로 활용하지 못하므로 생산성이 낮아져 성과나 일자리도 줄어든다.

이 같은 매니지먼트의 핵심 요소인 혁신에 대해 우리는 얼마나 고민하고 있을까? 대다수 기업들이 각오나 다짐 등 정신적인 측면에서 혁신을 정의한 채 관련 정책을 추진한다. 오래전부터 이러한 경향을 경계한 드러커는 《기업가정신》에서 기업가가 가져야 할 혁신에 대한 관점에 대해 이렇게 말했다.

기업가들은 혁신을 체계적으로 실천하는 방법을 배워야 한다. 성공적인 기업가는 '행운의 여신이 키스를 해 주고' 그들에게 '빛나는 아이디어'를 줄 때까지 기다리지 않는다.

이번 장에서는 드러커의 경영 이론 중 혁신적 사고방식과 방법론을 다루고자 한다. '혁신'innovation이라고 하면 우리는 보통 한 명의 천재가 번뜩이는 아이디어로 모든 것을 바꿔 버리는 이미지를 떠올리곤 한다. 그러나 현실은 전혀 그렇지 않다. 혁신에 직관이나 영감도 도움이 되긴 하지만 몇몇 천재의 기발한 발상에만 의지하는 것은 매니저로서 무책임한 일이다. 조직의 명운이 달린 의사결정을 내리려면 직관만이 아니라 원리와 체계도 필요하다. 무엇보다 혁신은 명확한 '업무'로서 조직 내부에 뿌리내려야 한다. 영업이나 경리 업무처럼 직원들이 혁신 업무를 수행했다고 말할 수 있어야 한다. 혁신적 사고방식과 방법론이 직원들 사이에 공유되면 덩달아 실천력도 높아진다. 회사 구성원들 모두가 혁신을 일으키는 주체가 되는 것이다.

이제부터 사례를 통해 혁신의 본질에 대해 생각해 보자.

CASE　왜 그들의 혁신은 '박 터트리기 대회'가 됐을까

증권거래소에 상장된 대기업 주택 설비 기기 브랜드 M사에 근무하는 A(45세). 그는 동부 지역을 총괄하는 영업팀의 사업책임자이다. 사내에서 동료들보다 빨리 승진하며 성공 가도를 달린 A는 자회사 이사진에도 이름을 올리며 바쁜 나날을 보내고 있다.

M사는 지난 1년 동안 철저한 혁신을 강조해 왔다. 회사가 획기적인 제품·기술 개발을 미션으로 내걸으면서 직원들은 미션 달성을 위해 기획 회의를 열고 아이디어를 검토하느라 바쁜 나날을 보냈다.

A는 경영기획팀과 함께하는 회의에 참석하고 있었다. 기술력 있는 중소기업 인수, 신소재 브랜드와의 제휴, 외국계 기업과 합작, 다음 분기의 연구개발 및 투자 예측 등 다루어야 할 주제가 많아 하나의 회의가 끝나면 곧바로 다른 회의가 이어졌다. 회의마다 영업팀 사업책임자로서 견해를 발표해야 했는데 회의 중 이해하기 어려운 전문용어가 많아 식은땀을 흘릴 때가 많았다. 회사 측은 대학교수나 컨설턴트를 초빙해 신기술이나 신규 비즈니스 모델 도입에 대한 강연을 주최했으며 그때마다 열띤 토론이 열렸다. 이런 분위기 속에서 현장에 있는 영업 직원들은 좋은 평가를 받으려면 새로운 상품을 개발하고 그것을 팔 방법을 찾아야 한다는 위기감에 사로잡혔다.

언제부터인가 A는 조직 전체가 혁신에 과도하게 몰입한다는 느낌을 받기 시작했다. 획기적인 한 방을 기대하거나 경쟁사의 성공 사례에 과도하게 패배감을 느끼는 모습을 보며 그는 '이건 아닌데…'라는 생각이 들었다.

"영업팀도 개발팀과 자주 소통하며 혁신에 공헌하라."는 사장의 지시에 따라 영업팀과 개발팀이 대화하는 시간도 부쩍 늘었다. 그러나 개발팀 직원들은 "영업팀 사람들은 자꾸 우리에게 세간의 이목을 끌 만한 기술이 없냐고 묻는데 딱히 할 말이 없다."며 회의는 시간 낭비라는 반응을 보였다. 최근에는 타 브랜드 제품을 대리 판매하는 일도 늘어나 거래처 상품의 혁신에 의존하는 경향마저 생겼다. 거래하는 브랜드 담당자가 들려준 얘기를 듣고 그는 낯이 뜨거워졌다.

"요즘 M사 영업팀 직원분들이 자주 찾아와 좋은 제품 있으면 열심히 팔아 주겠다고 하시는데…. 감사한 말씀이긴 하지만 솔직히 그것보다는 고객의 요구에 더 귀를 기울여 주시면 어떨까 싶습니다."

그렇지만 당장 발등에 떨어진 불을 끄는 게 먼저였다. 월말 경영 회의에서 영업팀 대표로서 혁신을 위한 향후 사업 방향과 전략, 비용 대비 효과를 발표해야 했다.

'여기서 강렬한 인상을 주지 못하면 입지가 위험해진다.'

M사는 컨설팅 회사를 섭외해 직원들을 대상으로 치밀한 분석과 논리적 사고가 돋보이는 프레젠테이션 방법을 지도하는 등 직원의 발표 역량도 중요시한다. 영업 실적을 인정받아 여기까지 왔지만 이번에는 프레젠테이션에서 분석력과 기획력도 어필해야 했기에 불안감이 컸다.

엎친 데 덮친 격으로 그는 혁신에 대한 명확한 정의도 내리지 못하고 있는 상황이었다. '혁신의 본질은 무엇인가? 최신 기술과 선진 기업의 사례 연구가 자사의 혁신에 어떤 영향을 주는가? 혁신이 전략, 마케팅과 다른 점은 무엇인가?' 생각하면 할수록 고민은 깊어졌다. 그러나 회사 내에서 이런 생각을 공론화할 용기는 차마 낼 수 없었다.

그러던 어느 날 무심코 구입한 경제잡지에 실린 특집기사가 눈에 띄었다. 어느 지방 중소기업 사장의 이야기를 다룬 내용이었다. 그 기업은 눈에 띄는 신제품을 발표하지도, 떠들썩한 홍보를 하지도 않았다. 경영자나 사옥도 지극히 평범했다. 그러나 경쟁이 극심한 전자부품 업계에서 특허 출원 1위에 오르며 기록적인 수익률을 달성하고 있었다. 인터뷰에서 실린 사장의 말은 대단히 인상적이었다.

"사람들이 자주 오해하는데 혁신은 엄청난 발명이 아닙니다. 비용을 많이 들인다고 효과가 커지는 것도 아니죠. 중요한 것은 영업, 개발, 공장, 일반 사무 부서에 이르기까지 직원 전체가 계속 고민하고 또 고민하는 것입니다. '고객의 니즈를 충족시킬 수 있는 작지만 중요한 변화는 무엇인가? 그 변화를 위해 우리 회사는 무엇을 제공할 수 있는가?' 이렇게 단순하지만 중요한 질문에 대해 직원 모두가 고민하는 조직을 만드는 것입니다. (…) 회사가 돈을 투자한다고 혁신이나 신사업이 뚝딱 생기지는 않습니다. 혁신의 주인공은 회사 직원들이니까요. 그들이 말하고 보고 느끼고 생각하는 과정에서 다른 회사가 모방할 수 없는 새로운 제품과 서비스에 관한 아이디어가 생깁니다. 직원 한 명, 한 명이 혁신에 대한 의식을 갖고 일할 때 회사의 장기적인 수익은 저절로 증가하는 법입니다."

A는 이 회사가 궁금해져 인터넷에서 실적과 평가 등을 조사해보았다. 동종업계에서 압도적인 수익률을 기록하면서도 직원들의 야근 시간은 적은 반면 휴가 일수는 많다는 기사를 발견했다. 지방 중소기업은 수도권에 비해 근무환경이나 복지가 열악한 편인데 무척 의외였다.

A는 문득 사업을 했던 할아버지가 언젠가 자신에게 했던 말을 떠올렸다.

"장사는 말이다, 세상이 어떻게 변하는지를 눈여겨봐야 한다. 가장 가치 있고 돈이 되는 원천은 거기에 있지. 요즘은 어느 회사든 크고 안정적인 시장에만 투자하려고 하는데 모두가 시도하는 평범한 방식으로는 아무리 노력해도 성공하기 힘들단다. 직원들이 장사하는 즐거움을 결코 맛볼 수 없어. 레드오션에서 경쟁하는 것만큼 힘든 건 없으니까. 변화하는 세상에서 새로운 분야를 개척하고 가능성을 찾을 때 비로소 직원들은 하나로 똘똘 뭉쳐 도전한단다. 장사란 그런 것이야. 변화를 현장에서 직접 체감할 수 있는 사람은 직원 중에서도 영업팀 직원이다. 그들이 진심으로 일에 뛰어들면 지금 어떤 변화가 일어나는지, 고객의 요구가 어떻게 변할지 파악할 수 있어. 새로운 기회는 의외로 가장 가까운 곳에 있기 마련이지."

그때처럼 할아버지 말을 진지하게 되새겨 본 적이 없었다. 중소기업 사장과 할아버지가 한 말이 지금 자신이 직면한 과제 해결에 실마리를 제공한 느낌이었다. A는 혁신을 실현하기 위해 무엇을 해야 할지 깨달았다. 그는 회의를 앞두고 신규 사업 제안서를 작성하기 시작했다. 이런 생각을 하면서 말이다.

'혁신에 대한 자사의 사고방식을 뿌리부터 바꿔야 한다.'

• • •

혁신은 '큰 한 방'이 아니다

앞의 사례도 여러분이 속한 조직 내에서 한 번쯤은 경험하는 일이라고 생각한다. 회사 내에는 온갖 전문적인 기술 용어와 경제 용어가 난무한다. 신규 사업 책임자와 담당자는 부차적인 사안에 몰두하느라 혁신이 도대체 무엇인지, 어떻게 하면 혁신을 일으킬 수 있는지에 대한 논의는 뒷전이 된다.

실제로 신규 사업 프로젝트에 참여하다 보면 M&A, 합작, 제휴, AI 기술, 디지털 혁신처럼 대단히 전문적이고 중요해 보이는 과제가 우선시되는 경향이 많다. 애당초 혁신적인 아이디어를 발굴하기 위해 열리는 회의조차 위와 같은 세부 과제들을 논의하는 방향으로 진행되기도 한다. 직원들은 세부 과제를 뒷받침하는 방대한 자료와 리포트를 작성하면 그걸로 해야 할 일이 끝났다고 여긴다.

그러나 혁신 영역을 지나치게 축소하는 것은 바람직하지 않다. 새로운 아이디어를 낸다면서 고작 웹 서비스나 SNS를 활용한 판매 촉진이 전부라면 문제가 있다. 기업의 미래를 위해 새로운 제품 및 서비스를 만들자고 시작한 프로젝트가 기껏 마케팅 기법이나 사은품 종류를 결정하느라 시간과 에너지를 쏟아서야 되겠는가. 이 역시 혁신에 대한 근본적인 목적이나 원칙이 공유되지 않아 지엽적인 사안에 매달려 발생하는 문제다.

반대로 혁신을 거창하게 인식하는 풍조도 경계해야 한다. 프레젠테이션을 평가하는 경영진 혹은 임원진은 참신하고 획기적인 아이디어를 내심 기대한다. 그들 스스로가 거창한 '한 방'을 요구하므로 직원들은 기대에 부응하기 위해 현실과 동떨어진 허황되고 요란한 사업 계획을 세워 온다. 혁신을 보는 관점이 본질에서 멀어지니 구성원 모두 헛발질만 하다가 소득 없이 끝나 버리고 만다. 결과가 나쁠수록 조직은 더욱 한 방으로 역전의 기회를 노리는 악순환에 빠진다.

"다른 회사들이 절대 모방할 수 없는 획기적인 신제품을 개발해야 한다!"

"이제 우리 회사도 대박을 터트릴 때가 됐다!"

이런 분위기가 조직 내에 만연해 있다면 적신호가 커졌다고 봐야 한다. 혁신은 어느 날 갑자기 하늘에서 뚝 떨어지는 일확천금이 아니다. 경제지에 실린 중소기업 경영자와 A의 할아버지가 강조한 것처럼 인간이 본래 갖춘 능력, 다시 말해 눈앞에서 일어나는 현실을 보며 느끼고 생각하는 능력을 꾸준히 길러야 한다. 직원이 스스로 생각하기를 멈추고 다른 부서, 다른 회사, 다른 기술, 다른 상품에 의지한다면 아무리 거액을 쏟아부어도 혁신을 실현할 수 없다.

신규 사업이나 혁신을 추진하는 데는 당연히 리스크가 따른다. 그런 이유로 드러커는《기업가정신》에서 위험을 최소화하기 위해 원리와 체계를 수립하라고 강조했다. 기업가정신에 위험이 따르는 이유는 기업가로 불리는 대다수가 자신이 하는 일을 제대로 이해하지 못하며 기본적인 원리나 방법조차 모르기 때문이라는 것이었다.

기업가라면 이 말에 불쾌감을 느낄지도 모르겠다. 그러나 이 말에는 매니저가 인간과 조직, 사회를 행복하게 만드는 혁신을 추진해야 하며 이를 위해 원칙과 체계를 명확히 수립해 리스크를 최소화하는 의사결정을 하라는 뜻이 담겨 있다.

기업에서 추진하는 사업이 부진하다면 그 배경에는 잘못된 의사결정이 존재한다. 앞서 설명한 혁신의 기본 원칙을 심사숙고하지 않고 M&A나 신기술 투자에만 몰두하면 실패할 확률이 높다.

의사결정 시 혁신 원칙에 따라 어떤 변화가 기회이며 이를 어떻게 활용할지를 고려해 조직이 나아갈 방향을 결정하자. 목표로 하는 지점이 분명해야 실패할 확률, 즉 리스크가 줄어든다. 나는 지금까지 이 원칙을 지키지 않아 실패한 사업들을 셀 수 없이 목격해 왔다.

동서고금, 기업 형태를 막론하고 조직이 원칙 없이 감정적인 분위기에 취해 사업을 이끌면 실패 위험은 그만큼 높아진다. 인간, 사회, 조직의 행복을 추구했던 드러커는 혁신을 추진하기 위한 의사결정을 내릴 때 매니저가 충동에 사로잡혀 결정하는 것을 무엇보다 경계했다. 반드시 체계적인 시점에서 이성적으로 판단할 것을 그는 끊임없이 강조했다.

변화가 시작되는 찰나를 포착하라

매니저는 어떤 질문을 던져야 하는가? '어떻게 하면 이 M&A를 성공시킬 수 있을까', '어떻게 하면 이 프로젝트를 성공시킬 수 있을까'를 고민하기 전에 '혁신이란 무엇이며 어떻게 하면 혁신을 성공적으로 실현할 수 있을까'에 초점을 맞춰야 한다.

'어떻게 혁신하는가'를 묻기 전에 '혁신이란 무엇인가'를 자문하자. 드러커는 항상 우리가 당연시하는 언어를 의심하면서 본질을 탐구했다. 언어란 기호와 같다. 매니지먼트, 리더십, 혁신처럼 흔하게 사용되는 말이라도 사람마다 받아들이는 뜻은 제각각이다. 구성원들이 같은 말을 다른 의미로 사용하면 어떨까? 조직은 하나의 목표로 향하지 못하고 우왕좌왕하기 시작할 것이다. 드러커 경영대학원의 모든 강의에서는 단순한 용어라도 'OO란 무엇인가?'라는 근본적인 질문으로 뜻을 명확하게 짚고 넘어간다. 그래서 때론 철학 강의처럼 느껴지기도 했는데 덕분에 본질을 탐구하는 자세를 배울 수 있었다.

그렇다면 대체 혁신이란 무엇인가? 혁신의 사전적인 의미는 '생산성이 낮은 영역에서 생산성이 높은 영역으로 돈, 인간, 시간과 같은 자원을 이동시키는 것'이다. 드러커는 여기서 한발 더 나아갔다. 드러커는 이러한 정의만으로는 혁신을 일으키는 사람의 가치관이나 사고방식이 무엇인지 완벽하게 설명할 수 없다고 생각했다. 그래서 그는 《기업가정신》에서 다음과 같이 혁신을 새롭게 정의했다.

혁신이란 변화를 기회로 이용하기 위한 수단이다.

솔직히 말하면 처음엔 이 정의가 납득되지 않았다. 그러다 졸업 후 신규 사업개발과 관련된 일을 하면서 고민에 빠졌을 때 다시 이 문장을 읽고서 눈이 번쩍 뜨였다. 혁신이나 신규 사업의 기회를 포착하려면 세상이 변화하고 있다는 것, 우선 그 점에 주목해야 한다는 사실을 깨달았다. 변화를 비즈니스 기회로 활용하는 마인드, 이것이야말로 드러커가 전하고자 했던 메시지였다.

그러므로 우선은 변화하는 세상에 주목할 필요가 있다. 사회 변화의 흐름에 회사가 가진 자원을 매치하면 블루오션을 선점할 가능성이 커진다. 그러면 포화 시장에서 경쟁사와 소모적인 가격 경쟁을 하지 않아도 되고 과도한 노동 시간 대비 수익이 저조한 상황도 피할 수 있다. 반면 아무리 돈을 들여 이런저런 전략을 실행해도 조직원 스스로가 변화를 기회로 이용한다는 마인드가 없다면 이는 시간 낭비, 비용 낭비일 뿐이다.

혁신에 대한 정의를 이해한 뒤부터는 나 자신에게 묻던 질문이 바뀌었다. 예전에는 어떤 사업을 시작하고 무엇을 하고 싶은지를 고민했다면 지금은 '사회에 일어나고 있는 중요한 변화는 무엇인가', '그 변화는 우리의 비즈니스에 어떤 영향을 미치는가', '변화에 대응해 우리의 자원을 효과적으로 활용하는 방법은 무엇인가'를 고민한다. 그리고 주위 동료나 부하 직원과 내 생각을 공유한다. 그러면 "요즘 고객들의 요구 사항이 조금 변했습니다."라든가 "다른 업계에서는 이런 경향이 있다고 합니다." 등의 최신 정보들이 들어온다. 회의 시간이 부족하면 식사를 함께하며 대화를 이어나간다. 고객의 소소한 피드백이나 그냥 스쳐 지나갈 수 있는 사소한 정보들은 영업 담당자가 작성하는 잘 정리된 보고서에 올라가는 내용과 다르다. 그러나 이 같은 일상에서 보고 느끼는 사소한 변화에 주목하다 보면 이것이 커다란 변화를 암시하는 현상은 아닌지, 동종업계에서도 이런 경향이 나타나지는 않는지 등의 논의로 발전해 나가게 된다. 그러고 나면 "다음 세미나에서는 그걸 주제로 해서 고객 반응을 살펴보자."라는 구체적인 지침으로 이어진다.

혁신이나 신규 사업을 논할 때 '변화를 기회로 활용한다'는 기본 원칙을 직원들과 공유하자. 혁신을 향한 관점이 직원들 사이에 일치되면 행동도 그에 맞춰져 자연스럽게 기대하던 성과가 나온다. 목적을 공유함으로써 직원들의 사기도 올라가니 그야말로 일석이조다.

일곱 가지 변화로 읽는 혁신 타이밍

드러커의 절친한 동료 마시아리엘로도 '드러커 매니지먼트'Drucker on Management 강의에서 혁신을 중점적으로 다룬 바 있다. 마시아리엘로는 드러커의 이론이나 콘셉트를 알기 쉬운 언어로 가르치는 한편 관리·회계 전문가답게 실무에서 혁신이 어떻게 활용되는지 연구했다. 그는 혁신이 비즈니스 실무와 밀접하게 연관된 주제라고 여겼다. 아울러 혁신을 주도적으로 실행하는 마인드가 매니저의 마음속에 깊이 뿌리박혀야 한다고 강조했다.

드러커는 《기업가정신》에서 혁신을 일으킬 기회를 포착하려면 다음의 일곱 가지 요소를 유심히 살펴야 한다고 말했다.

1. 예기치 못한 일The Unexpected

2. 불일치Incongruities

3. 프로세스상의 니즈Process Needs

4. 시장·산업 구조Industry and Market Structures

5. 인구 통계Demographics

6. 인식 변화Changes in Perception

7. 새로운 지식New Knowledge

1번부터 7번은 발견하기 쉬운 순서로 나열된 것이다. 신기술이나 새로운 지식을 발견해 혁신을 일으킬 수도 있지만 그러려면 많은 시간과 투자가 필요하고 그럴수록 기회는 줄어든다. 반면 예기치 못한 일의 경우, 관심만 있다면 누구나 발견할 수 있으며 실제로 기업에서 빈번하게 발생한다. 내가 마시아리엘로의 혁신 강의를 들으면서 깨달은 사실이 하나 있다. 바로 눈앞에서 일어나는 단순해 보이는 현상 속에 혁신을 일으킬 힌트가 숨어 있다는 점이다.

예기치 못한 일이란 무엇일까? 여기서 포인트는 '예기치 못한'

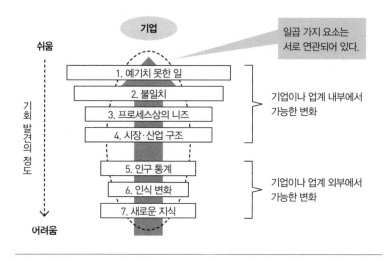

◆ 혁신의 기회로 연결되는 일곱 가지 변화의 씨앗

이다. 누구나 예상할 만한 뻔한 일에서는 혁신의 기회를 포착할 수 없다. 회사가 전혀 예상치 못한 고객의 불만 사항이나 만족 사항, 경쟁사의 히트상품 등을 유심히 살펴보자. 그 속에 새로운 사업의 방향을 알려 주는 혁신의 힌트가 담겨 있을 확률이 높다.

위의 그림은 내가 마시아리엘로의 강의를 들으면서 노트에 정리해 둔 이미지다. 기업에서 혁신 관련 컨설팅을 진행하게 되면 항상 이 그림을 소개하며 아이디어를 독려한다. 여러분도 항상 이 이미지를 머릿속에 넣어 두고 혁신의 기회를 발견하는 데 의식적인 노력을 기울인다면 많은 도움이 될 것이다.

힌트는 바로 당신의 옆에 있다

"인간은 예기치 못한 반응이 일어나면 화를 낸다. 그래서 대부분 기업이 혁신을 일으킬 기회를 포기하거나 무시한다. 이는 엄청난 손실이 아닐 수 없다."

드러커 말처럼 우리는 주변이 자기 의도와 다르게 반응하면 당황하거나 불쾌감을 느낀다. 그래서 대부분 변화를 외면하고 동료들과 공유하는 것을 꺼린다. 분명 큰 손실이다. 물론 그들의 심정이 어느 정도 이해는 간다. 자사 제품을 판매하러 갔는데 고객이 타사 제품을 원하면 그냥 무시하고 싶어질 것이다. 예기치 못한 불만이라면 더 말할 필요도 없다. 칭찬받아도 그 이유가 의외라면 달갑지 않으니 말이다. 하지만 부정적인 감정은 제쳐 두어야 한다. 예기치 못한 상황이야말로 혁신을 일으킬 좋은 기회다. 회사와 팀 차원에서 예기치 못한 상황을 공유하고 그 속에서 새로운 기회의 힌트를 얻고자 노력한다면 새로운 제품 및 서비스를 기획하거나 판매의 활로를 모색하는 혁신으로 이어질 수 있다.

게다가 이 과정에서는 비용이 전혀 발생하지 않는다. 대다수 기업이 공짜로 주어진 이런 기회를 그냥 무시해 버리는 상황이 안타까울 따름이다. 예기치 못한 상황이 불러올 가능성을 도외시하면서 영업에 열을 올린들 혁신적인 아이디어가 나올 리 없다. 더욱이 고객의 불만이나 불안을 회사 구성원들이 공유하지 않으면 결과적으로 회사에 장기적인 손실을 끼치게 된다.

두 번째 요소인 불일치 역시 혁신을 일으키는 중요한 힌트다. 고객의 니즈를 찾기 전에 '이 부분이 보완된다면 더 편리해질 텐데'라는 생각처럼 현실과 가정 사이에 존재하는 불일치를 포착하면 혁신을 일으킬 가능성이 생긴다. 고객과 회사, 고객과 업계의 인식 사이에 존재하는 불일치도 마찬가지다. 업계 전체적으로 수익이 저조한데 특정 회사만 실적을 올리는 경우가 여기에 해당한다. 이러한 불일치에 주목하면 혁신으로 이어지는 기회를 발견할 수 있다.

투자나 지식보다 중요한 것은 이러한 부분을 얼마나 잘 의식하고 발견할 수 있느냐다. 이때 필요한 것이 세 번째로 나오는 '프로세스상의 니즈'다. 이는 세상의 명확한 필요(노동력, 지식, 정보)를 찾는 것이다. 신참 영업직원에게 무턱대고 "고객의 니즈를 찾아보세요."라고 하면 난감해하겠지만 "시장에서 생각과 다르게 굴러가는 일이 있나요?"라고 물으면 어렵지 않게 대답할 것이다. 혁신의 힌트는 여기서 찾을 수 있다.

내가 IT 벤처 기업에서 신규 사업개발을 담당하던 시절의 이야기다. 당시 나는 영업 담당자와 동행하거나 타 부서 직원들과 대화를 나누면서 예기치 못한 고객의 요청이나 불만, 기대, 칭찬은 무엇인지 조사했고, '지금은 없지만 앞으로 제공됐으면 하는 기능' 같은 고객들의 사소한 피드백을 파악하기 위해 노력했다. 그리고 이러한 정보들을 기반으로 고객 니즈의 변화와 잠재된 니즈를 찾아내 신제품 기획에 반영했다. 그렇게 예기치 못한 일, 불일치, 니즈를 탐색하는 과정에서 뚜렷한 성과를 올렸다. 최첨단 기술 같은 건 필요 없었다. 자원이나 인력이 한정된 벤처 기업에서 잘못된 투자 결정은 치명적이다. 불필요한 비용을 들이지 않고 중요하게 다루어야 할 관점을 명확히 하는 것만으로도 혁신으로 이어지는 변화의 힌트를 찾아낼 수 있었다. 드러커의 이론이 얼마나 실질적인 도움이 되는지 다시금 실감하는 순간이었다.

세상의 변화에 적극적으로 눈을 돌린다면 언제든 혁신의 기회를 포착할 수 있다. 기회만 잘 포착하면 전략을 세우는 건 어려운 일이 아니다. 밖으로 나가 세상을 관찰하고 기회를 찾으라는 드러커의 조언 덕분에 나는 혁신의 흔들림 없는 축을 세울 수 있었다.

이 외에도《기업가정신》에는 신사업을 추진하는 데 당장 활용해도 손색없는 실천적이고 본질적인 조언이 풍부하다. 1985년에 주장한 내용임에도 21세기 비즈니스 환경에 고스란히 적용할 수 있다니 그의 혜안이 놀라울 따름이다.

관찰하라, 탐구하라, 공유하라

나머지 네 가지 요소인 시장 및 산업 구조, 인구 통계, 인식 변화,

새로운 지식은 앞의 세 가지 요소들보다 상대적으로 발견하기가 어려운 편이다. 이들을 제대로 파악하려면 많은 시간과 비용 투자가 필요한 것이 사실이다. 그러나 일곱 가지 요소를 각각 독립적으로 생각하기보다는 여러 가지를 종합해서 생각하면 혁신의 기회를 포착할 가능성이 더욱 높아진다.

무엇보다도 핵심은 이러한 체계나 원칙을 도구 삼아 직원들 스스로가 관찰하고 탐구한 결과를 서로 공유하는 것이다. 이 장에서 소개한 사례처럼 회사 내에서 진행 중인 방식을 무턱대고 따르거나 상황을 난숨에 역진시킬 획기적인 아이디어를 기대하는 것은 혁신과 거리가 멀다. 거듭 강조하지만 '혁신이란 무엇이며 어떻게 이뤄지는 것인가'라는 본질을 이해하지 않고 상부에서 지시한 업무를 기계처럼 수행한다면 혁신은 일어나지 않는다.

여기서 소개한 일곱 가지 요소 말고도 혁신의 기회를 포착할 수 있는 다른 관점이 충분히 있을 수 있으니 적극 활용해 보기 바란다. 리더가 독자적인 체계를 만드는 것도 좋다. 혁신을 추상적으로 인식하는 대신 혁신을 일으킬 수 있는 기회나 원칙들을 찾아낸 다음 리스크 낮은 의사결정을 내려 성공 확률을 올리는 것이 가장 중요하다. 이는 최고경영자 혹은 소수 임원만의 일이 아니라 현장에서 뛰는 매니저의 역할이기도 하다. 매니저가 올바른 혁신을 통해 인재들의 생산성을 높이고 성과를 올리는 것이야말로 드러커가 전하고자 했던 혁신의 본질이라 할 수 있다.

진짜 혁신은 회사 밖에 있다

나의 전공은 리더십론과 경영전략론이다. 통상 전략 이론이라고 하면 경쟁전략 이론의 창시자이자 전략 연구의 1인자로 평가받는 하버드 경영대학원 교수 마이클 포터Michael Porter가 가장 유명하다. 그의 전략 이론은 전 세계 수많은 경영자에게 전략적 사고의 틀을 제공했는데 그가 주창한 비즈니스 의사결정의 전략적 분석 기법을 소개하면 다음과 같다.

1. 산업의 수익률을 결정하는 다섯 가지 경쟁 요인 5 force(구매자, 공급자, 신규 진입자, 대체재, 산업 내 경쟁에 대한 분석)
2. 업계 내부의 경쟁 환경을 파악하는 세그먼트segment 분석
3. 각 세그먼트에서 기업별 포지션과 자사의 경쟁우위 및 다른 시장의 진입장벽 분석
4. 자사의 가치·강점의 원천을 파악하는 가치 사슬value chain 분석
5. 차별화 전략, 원가우위 cost leadership 전략(원가를 절감해 저렴하게 판매하는 전략—옮긴이), 틈새 전략
6. 자사 제품 및 서비스의 현 상태를 거시적인 관점에서 분석하는 제품 포트폴리오 관리 Product Portfolio Management, PPM

신규 사업에 뜻을 세운 매니저라면 위의 전략 이론을 기초부터

익힐 필요가 있다. 드러커는 당시 군사 용어로 쓰였던 '전략'이라는 용어를 경영학에 접목해 '경영전략'management strategy이라는 말을 최초로 사용했다. 이후 포터가 이를 경영전략 이론으로 한 단계 발전시켰다. 그 역시 경영에서 전략이 얼마나 중요한지 인식했던 것이다.

그러나 숨 가쁘게 변화하는 시대에는 경영전략만으로는 부족하다. 시장이 중장기적으로 성장하리라 예견된다면 타사와 차별화된 강점으로 경쟁우위를 선점하는 게 우선되어야 한다. 세계화, 정보화로 변화 속도가 빠르고 그만큼 미래가 불확실한 상황일수록 남들보다 한발 앞서 변화의 힌트를 찾고 새로운 사업 아이디어를 모색해 경쟁사보다 먼저 사업 모델을 구축해야 한다. 기존의 사업 분야에서 새로운 것을 개발하기보다 혁신을 통해 새로운 사업 자체를 창조하려는 자세가 필요하다는 얘기다. 이제 혁신은 기업이 지속적으로 성장하기 위한 필수 능력이자 기본 사고방식이 되었다. 다시 말해 변화하는 환경 속에서 혁신은 그 자체만으로 기업의 성공을 좌우하는 전략 그 자체다. 드러커는 다음과 같이 말했다.

매니저에게 가장 중요한 일은 이미 일어난 변화를 관찰하는 것이다. 사회, 경제, 정치에 있어서 이미 발생한 변화를 기회로 활용하는 것이다.

여기서 '이미 일어난 미래'란 일상에서 우리가 느끼는 '미래의 변화를 암시하는 현상 혹은 정보'를 뜻한다. 드러커는 일상을 꾸준히 관찰하다 보면 누구나 그 징후를 발견할 수 있다고 강조했다. 이러한 징후를 발견하고 앞으로 일어날 변화를 사업 기회로 활용하는 것이야말로 사업 성공의 열쇠다. 번뜩이는 영감이나 어쩌다 따르는 행운 같은 건 존재하지 않는다. 경영학이라는 학문의 틀에 갇혀 있으면 이미 일어난 미래를 발견하기 어렵다. 문화, 역사, 경제, 사회, 심리, 정치 등에서 폭넓은 관점을 가져야 변화의 힌트를 찾을 수 있다. 《기업가정신》에는 다음과 같은 문장이 나온다.

> 혁신은 개념적인 활동이자 인식적인 활동이다. 따라서 혁신을 하고자 한다면 밖으로 나가서 보고, 질문하고, 경청해야 한다.

한마디로 설명하자면 혁신에 성공하려면 좌뇌(논리적인 분석)와 우뇌(지각적인 인식) 모두가 필요하다는 것이다. 매니저는 회사 안에서 업무를 빈틈없이 처리하는 것도 중요하지만 그보다 먼저 회사 밖으로 나가 고객을 관찰하며 고객에게 질문하고 고객과 대화를 나누어야 한다.

급변하는 시대에서 혁신과 전략은 강력한 보완 관계를 이룬다. 오늘날 두 용어는 거의 동의어라고 해도 과언이 아니다. 본래 전

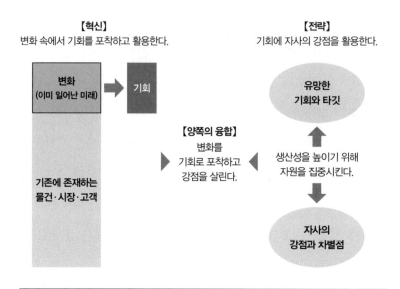

◈ 혁신과 전략의 융합

【혁신】
변화 속에서 기회를 포착하고 활용한다.

【전략】
기회에 자사의 강점을 활용한다.

변화
(이미 일어난 미래) → 기회

기존에 존재하는
물건·시장·고객

【양쪽의 융합】
변화를
기회로 포착하고
강점을 살린다.

유망한
기회와 타깃

생산성을 높이기 위해
자원을 집중시킨다.

자사의
강점과 차별섬

략이란 시장에서 경쟁이 덜 치열하고 유망한 영역을 기회로 삼아 자사의 강점을 활용하는 방법이다. 혁신은 변화 속에서 그 기회를 포착하는 것이다. 이처럼 변화를 성공의 기회로 간주하는 혁신과 자사의 강점을 활용해 성공의 기회를 잡으려는 전략은 위의 그림처럼 서로를 상호 보완한다.

나는 드러커 경영대학원에서 통합적으로 매니지먼트를 공부하면서 이전까지 개별적인 존재로 인식해 왔던 혁신과 전략이 하나로 이어진 일련의 과정임을 배웠다. 혁신 없는 전략은 지속적인 성공을 기대하기 어렵고 전략 없는 혁신은 사업의 실현 가능성이 낮다. 두 가지를 접목했을 때 비로소 사업에서 큰 성과를 거둔다는 점을 기억해야 할 것이다.

진부하고 도태된 것들과 이별하라

혁신을 실행하기 앞서 꼭 해야 할 일이 있다. 바로 '폐기'다. 일반적으로 혁신이라고 하면 새로운 것에 도전한다는 이미지가 강하기 때문에 이 말에 선뜻 동의하기 어려울지도 모르겠다. 하지만 한번 생각해 보자. 연초마다 열리는 경영 회의의 화두는 '금년도 새로운 사업과 전략'이다. 담당자들은 이에 관한 구체적이고 방대한 자료를 작성하느라 무수한 시간과 에너지를 쏟는다. 하지만 그렇게 열심히 분석하고 준비하는데도 새로운 사업에서 기대한 만큼 성과를 얻지 못한다. 그런 데다가 저조한 실적의 원인을 제대로 분석하지 않은 채 시간이 지나면 새로운 사업과 전략을 또다시 논의하곤 한다.

드러커는《매니지먼트》에서 이렇게 말했다.

혁신 전략의 첫걸음은 오래된 것, 진부한 것, 도태되고 있는 것을 계획적이고 체계적으로 폐기하는 것이다. 혁신을 행하는 조직은 어제를 지키기 위해 시간과 자원을 활용하지 않는다. 어제를 버림으로써 자원, 특히 인재라는 귀중한 자원을 새로운 것에 투입할 수 있다.

'체계적인 폐기'를 가리켜 'Organized Abandonment'라고 쓴다. 무작정 오래되었다고 버리라는 의미가 아니다. 낡고 효과가 없어졌다면 새롭고 독창적인 다른 것을 고안해야 한다는 뜻이다. 체계적인 폐기 또한 매니저의 중요한 임무다. 대부분의 조직은 본래 버리기보다 늘리기에 익숙하다. 그러므로 해야 할 일 목록to do list과 함께 하지 말아야 할 일 목록to stop list을 만들어 실천한다면 체계적인 폐기가 수월해질 것이다.

나는 드러커 경영대학원을 졸업한 뒤 기업에서 신규 사업을 추진할 때도 '우선 폐기한다'는 지침을 1순위로 삼았다. 업무용 소프트웨어를 개발하고 판매하는 사업이었는데 알다시피 IT 업계는 변화 속도가 빠르기로 유명하다. 거액을 투자해 제품을 개발해도 불과 1년 후에 타사가 절반 가격으로 비슷한 제품을 출시하는 식이다. 더욱이 저렴한 인건비의 우수한 외국인 시스템 엔지니어들이 대거 스카우트되면서 가격 경쟁은 갈수록 치열해지고 있다. 나는 드러커가 했던 조언을 떠올리며 낡고 효과가 없어진 것은 과감히 버리고 새로운 다른 일에 나와 팀원들의 시간을 써야겠다고 다짐했다. 이런 생각을 임원진에게 건의했고 내가 총괄하던 마케팅 관련 업무에서 벗어나 소수 인원으로 팀을 꾸려 신규 사업 개발 업무에 집중했다. 이처럼 무언가를 버리지 않으면 새로운 것에 집중할 수 없는 법이다.

어제의 업무에서 내일의 혁신을 찾는 모순

효과가 없어진 것을 버리고 새로운 것에 집중하려면 가장 중요한
두 가지를 줄여야 한다. 바로 '업무'와 '노동 시간'이다.

오늘날 기업인들은 너무 조급하다. '이대로는 안 된다. 더 할 일
을 찾아야 한다'고 주장한다. 하지만 실제로 조직은 너무 많은 일
을 해서 문제다. 낡아서 더 이상 효용이 떨어진 것을 버리지 못하
고 꾸역꾸역 끌고 가려고 한다. 당연하게도 새로운 생각이나 아이
디어가 생길 여지가 없다.

새로운 일을 해 보자고 다짐해도 기존 업무나 사무 작업이 줄지
않는다면 노동 시간이 비약적으로 늘어날 뿐이니 의욕이 생길 리
만무하다. 의욕이 없으니 집중력이나 성과도 떨어진다. 조직 구성
원의 에너지와 열정을 담아서 출시한 제품(서비스)도 고객의 선택
을 받지 못하는 시대다. 과감히 버리지 않으면 혁신은 결코 성공
하지 못한다.

애플의 창업자인 스티브 잡스는 1990년대 후반 사장 자리에 복
귀했을 때 큰 충격을 받았다. 애플이 팔지 않아도 되는 상품을 끊
임없이 만들고 있었고 가격 경쟁에 휘말렸으며 재고는 산더미처

럼 쌓여 심각한 유동성 위기를 겪고 있었기 때문이다. 잡스가 화이트보드에 사분면을 그리고 각 공간에 네 단어를 적은 다음 "지금 애플에게 필요한 건 여기에 해당하는 뛰어난 제품을 만드는 것뿐입니다!"라고 일갈한 에피소드는 유명하다. 네 단어는 '소비자용', '전문가용', '데스크톱'과 '노트북'이었다. 그는 당장 수익성 없고 특별할 것 없는 제품 라인을 폐기하고 진열을 정비했다. 간결하게 압축된 사업 비전을 전달하고 직원들의 에너지와 창의성을 그곳에 집중시켰다. 결과는 우리가 아는 그대로다. 애플은 아이맥을 출시하여 세계적인 히트를 쳤다. 아이맥의 성공은 애플이 과거의 부진을 딛고 화려하게 부활하는 신호탄이 되었다.

완전히 새로운 일을 시작하는 사람이 혁신을 이끄는 리더로 주목받기 쉬운데 이는 오해다. 버리고 멈출 수 있는 사람이 진정한 리더다. 부하 직원에게 신뢰받는 리더란 용기 있게 "그 일은 중단하고 이 일에 집중하자."라고 말할 수 있는 사람이다.

무언가 새로운 것을 시작하려면 그만큼의 공간, 즉 공백이 필요하다. 해야 할 업무나 일정이 꽉 차 있는 상태에서 창의력을 발휘하라고 외쳐 봤자 공허한 메아리에 불과할 뿐이다. 적당한 여유가 있어야 세상의 변화를 포착하고 이질적인 요소를 조합해 새로운 발상을 떠올릴 수 있다. 조직도 마찬가지다. 군더더기는 과감히 쳐 내야 핵심이 드러날 수 있다.

이러한 생각은 앞서 헌터 교수가 가르친 자기경영과도 연관이

깊다. 외부에서 일어나는 다양한 일에 지나치게 신경을 빼앗기는 상황에서 마인드풀니스를 활용해 쓸데없는 감정이나 생각을 없애고 본래 목표를 다시 깨닫는 것 말이다. 이런 맥락에서 본다면, 조직이 낡은 것을 버리고 혁신을 이루어 내는 과정과 스스로 자기 내부의 불필요한 것을 버리고 혁신을 이루어 내는 과정은 비슷하다고 볼 수 있다.

익숙한 것을 폐기하고 중요한 것에 집중하려면 용기와 결단이 필요한 법이다. 드러커는 《프로페셔널의 조건》에서 이렇게 말했다.

집중이란 무엇인가? 그것은 '진정 의미 있는 것은 무엇이며 먼저 해야 할 것은 무엇인가'라는 관점에서 시기와 일에 따라 스스로 의사 결정하는 용기를 말한다.

모름지기 진정한 리더라면 이런 용기를 가져야 한다.

변화라는 폭풍 속으로 뛰어든다는 것

여기까지 읽은 독자분이라면 추상적으로만 느껴졌던 혁신에 대해 구체적인 이미지가 생겼으리라 믿는다. 거듭 이야기하지만 오늘날 변화하는 사회에서 끊임없는 혁신은 기업의 성공을 이끄는 필수 요소다.

마케팅과 혁신이라는 두 가지 기능 중 고객의 니즈를 찾아내 제공하는 마케팅은 기존 사업을 지탱하는 핵심적인 활동이다. 여기엔 상당한 시간이 소요된다. 그런데 마케팅에만 몰두하다 보면 자칫 그 전제가 되는 시장 자체가 사라질 우려가 있다. 필름이나 디지털카메라 산업이 대표적이다. 스마트폰에 카메라 기능이 탑재되면서 카메라 산업은 사양산업으로 전락했다. 이처럼 아무리 마케팅을 열심히 해도 누군가 세상의 변화를 포착하고 신점해 혁신을 일으키면 시장 자체가 사라질 수 있다. 혁신을 누가 언제든 이루어 낼 수 있도록 조직문화를 바꿔야 하는 이유다.

혁신은 세상을 뒤흔들 대히트 상품만을 의미하지 않는다. 소수의 탁월한 인재가 지닌 천재성에 의존하지도 않는다. 날마다 현장에서 고객과 제품을 접하는 다수의 평범한 직원들의 마음속에 혁신의 마인드가 뿌리내리는 것이 무엇보다 중요하다. 직원이 고객, 거래처, 시장의 사소한 변화에 주목해 이를 사업에 활용하면 오늘보다 내일의 생산성이 높아진다. 평범하지만 꾸준한 노력만이 기업의 미래를 밝혀 주는 진정한 혁신이다.

드러커는 생전에 출간한 마지막 저서 《넥스트 소사이어티》에서 이렇게 말했다.

모든 조직은 살아남기 위해, 또 성공하기 위해 스스로 변화 관리자change agent가 되어야 한다. (…) 변화 관리자의 조직 전체의 의식구조를 바꿔야 한다. 그러면 사람들은 변화를 위협으로 인식하지 않고 기회로 생각하게 될 것이다.

　사업가란 변화를 파악하고 그것을 기회로 삼아 사업을 만들어 내는 존재다. 기업이 커지고 안정될수록 기존 시스템에 안주하거나 외부에서 일어나는 변화를 무시하는 경향이 생기기 쉽다. 그러나 한 명이라도 더 많은 직원이 변화를 혁신의 기회로 여기고 혁신을 지속적으로 시도한다면 기업은 강해질 것이다.

제5장

숫자의 가면을 벗겨라

MBA라고 하면 보통 사람들은 회계나 재무처럼 숫자를 다루는 분야를 떠올리곤 한다. 물론 MBA 과정에서 필수적으로 회계학을 배우기는 한다. 하지만 MBA에서 배우는 회계는 보통 사람들이 회계에 대해 갖는 이미지와는 전혀 다른 학문이다.

드러커 경영대학원에서 배우는 회계는 '인간'을 중심에 둔다. 회계의 숫자와 사업을 이끄는 리더의 의도, 구성원들의 생각과 감정 등을 연결 지어 연구한다. 인간 중심적 사고는 드러커 경영 이론의 근간이다. 그는 이상적인 경영을 실현하려면 숫자와 인간을 하나로 묶어서 생각해야 한다고 늘 주장했다. 드러커 경영대학원에서 배운 회계학 역시 숫자에 매니지먼트 철학을 접목시켰다. 숫자의 배경에 존재하는 사업 목적, 경영진의 의도, 전략의 방향, 인재 관리 등의 본질을 파악한 뒤 이를 숫자를 사용해 설명할 수 있어야 했다.

흔히 기업의 목적은 '이윤 추구'라고 생각한다. 물론 당연한 이야기다. 조직이 커지고, 성장하고, 사회를 발전시키려면 이익이 뒷받침되어야 한다. 드러커에 따르면 이익을 창출하지 못하는 기업은 존재 의미가 없다. 사회에서 빌린 귀중한 자본을 활용했지만 환원하지 못했기 때문이다. 그러니까 이익은 기업의 성과를 판단하는 바로미터인 셈이다. 문제는 성과의 지표여야 할 이익이 목적이 되어 버리는 경우다. 이렇게 되면 조직은 본래의 목적을 상실하고 변질되고 만다. 그런 이유로 매니지먼트를 하는 사람은 우리 조직에서 이익 자체가 목적이 되진 않았는지, 이익이 목적과 부합하는 형태로 창출되고 있는지 늘 점검해야 한다.

수치에 편중된 관리 시스템하에서는 조직 경쟁력이 저하된다. 기업은 물론이며 학교, 병원, 지자체도 예외가 아니다. 1년간의 높은 실적이 지속적으로 성과를 낼 수 있는 매니지먼트 능력을 뜻하지는 않는다. 아무리 기업 이념이 거창해도 중장기 계획이나 직원 평가 기준이 오로지 실적뿐이라면 그 회사의 미래는 어둡다. 실적을 앞세우는 기업은 원래의 목적, 즉 인재를 활용해 가치를 창출하고 고객을 창조하며 사회 발전에 공헌한다는 목적이 사라지고 이익이라는 수단 자체가 목적이 될 가능성이 크기 때문이다.

기업이 존속하려면 생산성을 높여 이익을 내야 하지 않느냐는 반론이 나올지도 모르겠다. 틀린 말은 아니다. 당연히 기업은 수치를 통해 명확하게 평가할 수 있는 결과가 필요하다. 그것 없이는 앞으로 나아갈 동력 자체를 잃게 된다. 여기서 매니지먼트의 역할이 중요해진다. 조직이 생존하기 위해 앞으로 어떤 모습을 지향해야 할지 정의하는 것이 매니지먼트다. 당장 다음 분기 실적 목표보다 조직이 추구하는 궁극적인 목적을 정하는 것이 먼저라는 이야기다. 회계상의 수치는 어디까지나 그 목적을 이루기 위한 수단임을 잊지 말아야 한다.

드러커는《자본주의 이후의 사회》에서 단기적인 이익만 추구하여 의사결정을 하는 기업에 대해 크게 우려했다. 이익 최대화가 목적인 기업은 단기적 시점에서만 매니지먼트를 하게 되며, 그 결과 기업이 가진 '부의 증식 기능'이 상당히 훼손된다는 것이었다. 또한 그는 이런 기업의 경우 실적이 대단히 빠른 속도로 악화될 것이라고 경고했다.

나는 기업을 이끄는 리더를 만날 때면 드러커가 말한 '부의 증식 기능'에 대해 이야기를 나누곤 한다. 이 기능은 단순히 이익을 늘리는 것만을 뜻하지 않는다. 고객이나 인재, 더 나아가 사회 전체로부터 지지받는 기업의 장점을 포함한 의미로 쓰인다. 그런 장점을 가진 회사에는 고객, 사업 기회, 탁월한 인재와 기술 등 조직에 유용한 부가 모이고 점점 커진다. 실적이 좋을 뿐만 아니라 감동을 주는 제품과 서비스, 조직의 사명감과 윤리관, 탁월한 인재 육성 개념을 갖춘 회사에는 사회의 부가 저절로 모여들기 때문이다. 그런 기업은 판매나 인재 확보를 고민할 필요가 없다. 고객이 다른 고객을 소개하고, 직원이 우수한 능력 있는 지인에게 입사를 권유할 테니까 말이다.

반대로 이익만 추구하는 기업은 어떨까? 고객을 실적의 도구로 여기는 직원에게 고객과의 신뢰 관계는 애초에 형성되기가 어렵다. 결국 고객, 거래처 심지어 자사 직원들에게조차도 기업의 장점이 반감되어 부가 모이지 않게 된다. 역설적이게도 이익만 추구한 결과로 이익 자체가 줄어드는 상황이 발생하는 것이다. 그렇게 되면 회사로서는 당장 급한 불을 끄기 위해 단기적 관점의 매니지먼트에 돌입하고 그 결과 추락하는 속도는 더욱 빨라진다. 그야말로 악순환이다.

그렇다면 기업이 본래의 목적을 제대로 실현하려면 회계를 어떻게 활용해야 할까? 이번 장에서는 드러커 경영대학원에서 배웠던 회계학과 실제 사례를 엮어 일반적으로 잘 알려지지 않았으나 드러커가 주장한 회계 원칙들을 살펴볼 것이다. 이 글을 통해 회계를 더욱 흥미로운 관점으로 바라볼 수 있게 되었으면 좋겠다.

CASE 비용 절감하려 구조조정을 감행한 CEO의 후회

인력서비스 회사 Z사의 이사로 재직 중인 A(39세). 처음 근무했던 컨설팅 회사에서 만난 선배 네 명과 의기투합해 2006년 교육연수 회사를 창업했다. 대기업을 중심으로 착실히 고객의 신뢰를 얻었고 업무 스킬에 대한 것부터 매너 교육에 이르기까지 폭넓은 영역의 컨설팅 서비스를 제공하며 순조롭게 실적을 올려왔다. 기존 사업이 안정기에 접어들자 교재 판매, 인사·마케팅 컨설팅, 홍보용 홈페이지 디자인, 인사체계 시스템 개발까지 사업 영역을 확장해 현재 전국에 지점을 내고 정직원 130명에 계약직까지 포함하면 총 200명이 넘는 건실한 중견 기업으로 성장했다.

Z사의 사장이자 전 직장에서 A의 선배였던 B(43세). 창업 이래 10년 이상 착실히 회사를 성장시킨 장본인이자 남다른 경영 수완을 지닌 B는 A에 대한 신뢰가 두터웠다. 컨설팅 업계에서 단련된 논리적 사고와 부하 직원과의 소통도 중시하는 그야말로 균형 잡힌 매니저라고 믿어 의심치 않았다. B는 2016년 말부터 주식 상장을 염두에 두고 차근차근 준비를 하던 중이었다. 창사 이래 매년 성장세를 이어 왔고 2016년에는 영업이익률 15퍼센트를 달성했다.

'이제 상장할 타이밍이다!'

자신만만해진 B는 2016년 말 증권사 담당자를 찾아가 상장에

대한 설명과 조언을 들었다.

"2017년도를 상장하기 전전 분기, 2018년도를 상장하기 직전 분기로 보고 실적이 괜찮으면 2019년에 상장을 신청하세요. 내년에는 매출 증가는 물론 영업이익률도 20퍼센트를 목표로 하세요. 아울러 경영 관리팀의 체제 강화도 각별히 신경 써야 합니다."

이듬해 4월부터 회사는 지금껏 현장 매니저에게 맡기던 실적 목표 관리에 전사적인 영업 할당제와 철저한 성과주의라는 공통 원칙을 채택했다. 적극적으로 인력을 확충해 영업팀과 관리팀을 중심으로 직원도 16명이나 채용했다. 신규 인력 확충이 좀 지나치다는 의견도 있었지만 B는 미래를 향한 투자라고 생각하고 과감히 밀어붙였다.

체제를 정비하고 인력을 보강했음에도 2017년도 실적은 기대만큼 올라가지 않았다. 2016년에 발생한 경기 악화의 여파가 교육, 연수, 인사 관련 분야에 나타났다. 사업 의뢰가 눈에 띄게 감소하고 있었다. 상장을 앞두고 공격적으로 영업 인원을 늘린 Z사는 대폭 증가한 인건비가 큰 부담으로 다가왔다. 전 직장에서 압도적인 실적을 올려 스카우트된 영업 담당자도 기대한 몫을 해내지 못했고 매니지먼트 실무에 투입된 담당자는 직원들과의 커뮤니케이션에 어려움을 겪는 눈치였다.

"지금 회사는 위기 상황입니다. 어떻게 해서든 전년 대비 매출 증가를 이뤄 내야 합니다!"

◈ Z사 연도별 실적

(단위: 만 엔)

	2016년(매출비율)	2017년(매출비율)
매출	210,100 (100%)	224,500 (100%)
매출원가	94,545 (45%)	114,495 (51%)
매출총이익	115,555 (55%)	110,005 (49%)
판매비 및 관리비	84,040 (40%)	113,400 (50.51%)
영업이익	31,515 (15%)	−3,395 (−1.51%)
경상이익	25,212 (12%)	−1,175 (−0.52%)
세전 당기순이익	23,111 (11%)	−1,165 (−0.52%)

경영진의 구호가 직원들의 위기의식을 자극했는지 2017년 말부터 수주에 사활을 걸고 전 직원이 뛰어든 결과 매출은 가까스로 전년도를 상회할 듯 보였다. 그러나 분기 말 수주가 무리하게 늘어난 탓에 직원들 업무에 과부하가 걸렸다. 결국 외주를 주게 되면서 원가율이 상승했고 매출총이익은 2016년도를 밑돌았다. 영업과 관리팀 직원을 중점적으로 늘리고 사무실을 증설한 것도 타격이 컸다. 기업 전체 판관비가 훌쩍 상승한 것이다. 결과적으로 Z사는 2017년에 창사 이래 최초로 마이너스 영업이익을 기록했다.

B는 분기 말 임원 회의에서 무겁게 입을 열었다.

"2016년도까지 흑자를 기록하던 회사가 상장 준비에 들어가자마자 창사 이래 처음으로 적자를 냈습니다. 이런 상황에서 상장은 불가능합니다. 위기를 타개하기 위해 외부 인사를 영입하기로 했습니다. 경영 관리 체제를 강화하기 위함이니 믿고 따라와 주시기 바랍니다."

재무 담당 최고 책임자CFO로 영입된 인사는 대기업 금융기관 출신의 C(58세)였다. 재무 관리, 기업 상장 전문가로 증권회사에서 적극 추천한 인물이었다. 은행과 증권회사에 다년간 종사하면서 사업 재생과 2002년 전후 IT 붐 시기에 다수 벤처 기업의 상장에 관여한 경험이 있었다. 그는 2018년도 4월에 부임하자마자 경영 회의에서 이렇게 말했다.

"Z사가 좋은 벤처 기업이라고 생각하지만 재무 기반이 아직은 불안정합니다. 전사적으로 비용 절감에 노력하지 않으면 발전은 기대하기 어렵습니다. 이 시간부로 모든 사업부는 고정비를 15퍼센트 줄이십시오. 전사 공통비는 제가 책임지고 삭감하겠습니다. 상장에서 가장 중요한 부분은 사업별 원가 관리와 매출총이익 증가입니다. 각 사업 책임자들은 원가 절감을 최우선 과제로 삼아주십시오. 수주 안건마다 외주비와 경비를 수치화해 철저히 관리하고 최대한 줄이도록 노력합시다."

C는 말이 끝나기 무섭게 사업별 실적표를 배부했다. A가 총괄하는 연수 사업은 창업 이래 모두가 인정하는 효자 사업으로 회사의 영업이익 흑자를 견인해 왔다. 하지만 고정비 삭감 방침으로

(단위: 만 엔)

사업명	매출 (구성비)	매출총이익(구성비)	매출총이익률
연수	68,500 (30.51%)	31,510 (28.64%)	46.00%
교재 판매	30,100 (13.41%)	11,739 (10.67%)	39.00%
컨설팅	52,000 (23.16%)	33,800 (30.73%)	65.00%
웹사이트 디자인	21,000 (9.65%)	10,920 (9.93%)	52.00%
시스템 개발	30,020 (13.37%)	14,410 (13.10%)	48.00%
이벤트 기획	22,880 (10.19%)	7,626 (6.93%)	33.33%
합계	**224,500 (100%)**	**110,005 (100%)**	**49.00%**

팀원 서른두 명 중 네 명을 내보내야 했다. Z사처럼 인재 서비스업의 경우, 사업부의 인건비는 고정비인 동시에 제조 원가이기도 하다. 고정비와 원가를 모두 삭감해야 한다면 인원 감축이 가장 손쉬운 방법이었다. 정리해고 대상자 중에는 창업 멤버도 있었다. A는 숨이 턱 막혔다.

여섯 개 주력 사업 중 이번 구조조정 대상에서 유일하게 제외된 사업부가 있었다. 바로 컨설팅 사업부였다. 회사가 전체적으로 부진한 가운데서도 매출총이익률 65퍼센트라는 높은 실적이 C에게 인정받은 모양이었다. 각 부서가 인원 감축을 요구받은 것과 대조적으로 컨설팅 사업부만은 유일하게 다음 분기 인력 증원까지 보장받았다.

"컨설팅 같은 고부가가치 서비스에 총력을 기울이지 않으면 앞으로 살아남을 수 없습니다."라고 힘주어 말하는 C 앞에서 B도 고개를 끄덕였다.

A는 연수 사업 책임자로서 2017년도의 부진한 실적에 책임을 느꼈다. 그러나 부서의 특성을 고려하지 않고 기업 전체가 일률적으로 비용을 삭감해야 한다는 방침에는 거부감이 들었다. 기업에서 전개하는 사업은 저마다의 방식이 있다. 각각의 시장 환경과 사업 방침에 맞는 비용 관리와 매출 증가 방안이 필요한 게 아닐까? A는 1년 전, 상장을 목표로 전사적인 관리 체제 강화가 추진될 무렵부터 회사의 정책에 의구심을 품었다.

매출총이익률이 높다고 해서 생산성이 높은지도 의문이었다. 특히 컨설팅 부서는 타 부서에서 인원을 모아 대기업 채용 컨설팅이라는 명목으로 채용 실무를 대행하는 경우가 많다고 들었다. 딱히 고도의 전문지식이나 능력을 가진 인재가 많은 것도 아니었다. 얼마 전 컨설팅 사업부 직원과 대화를 하던 중 그들이 야근이나 휴일에 출근하는 것치고는 컨설팅 신규 일감이 좀처럼 들어오지 않는다고 불평하던 기억이 났다. 65퍼센트라는 매출총이익률은 대체 어디서 나온 것일까? 의문은 쌓여 갔지만 아무 증거도 없이 다른 부서에 대해 이러쿵저러쿵 토를 달 분위기는 아니었다. 그는 상부의 정리해고 결정을 받아들일 수밖에 없었다.

1년 후, 2018년도의 실적이 발표되었다. 구조조정으로 인건비가

◈ Z사 연도별 실적

(단위: 만 엔)

	2016년 (매출비율)	2017년 (매출비율)	2018년 (매출비율)
매출	210,100 (100%)	224,500 (100%)	225,500 (100%)
매출원가	94,545 (45%)	114,495 (51%)	108,240 (48%)
매출총이익	115,555 (55%)	110,005 (49%)	117,260 (52%)
판매비 및 관리비	84,040 (40%)	113,400 (50.51%)	98,200 (43.55%)
영업이익	31,515 (15%)	−3,395 (−1.51%)	19,060 (8.45%)
경상이익	25,212 (12%)	−1,175 (−0.52%)	15,785 (7%)
세전 당기순이익	23,111 (11%)	−1,165 (−0.52%)	2,255 (1%)

줄어든 이유도 있겠지만 결과적으로 실적은 회복했다. 각 사업부 인건비를 중심으로 고정비를 삭감한 까닭에 사업부별 매출총이익률도 약간의 회복세를 보이며 기업 전체의 영업이익, 당기순이익이 모두 흑자로 전환했다. 유일하게 구조조정 대상에서 제외된 컨설팅 사업부도 소폭이나마 매출과 매출총이익이 모두 증가했다.

B는 2018년 연말 기업 회의에서 감동에 찬 어조로 다음과 같이 연설했다.

"그간 직원 여러분의 노고, 사업 책임자 여러분의 노고, 이번 분기부터 새롭게 우리 기업에 합류한 CFO를 중심으로 한 관리팀 여러분의 노고가 있었기에 어려운 시대에 이익률을 회복할 수 있었습니다. 여기서 다시 마음을 다잡고 상장을 위해 열심히 뜁시다! 우리 사업은 강해지고 있습니다. 우리는 할 수 있습니다!"

그러나 여전히 A는 석연치 않았다. 2018년도는 2017년도에 비해 분명 회계 수치상 회복세를 보였다. 하지만 사장 말마따나 회사의 사업은 강해진 것일까? 분기 말을 무사히 넘겼다는 안도감이 사내에 퍼졌지만 확실히 예전과 같은 활기는 느낄 수 없었다.

이후 반년이 지났다. 2019년 말, A의 막연한 불안감은 현실로 드러났다. 회사의 성장을 이끄는 핵심 부서로서 적극적인 지원을 받던 컨설팅 사업부의 매출과 이익이 모두 큰 폭으로 하락한 것이다. 2017~2018년도 이들이 추진한 사업을 분석했더니 컨설팅 사업에서는 실제로 수익을 창출하지 못했던 것으로 드러났다. 대기업에서 운 좋게 2년 연속 의뢰받은 채용지원 업무의 매출과 이익이 높았던 것에 불과했다. 대기업 이사와 친분을 이용해 고액으로 채용지원 업무를 수주하고 사내 타 부서에서도 똑같은 업무 수주를 받아 매출액 합계가 높았던 것이다. 심지어 수주받은 업무 대부분을 외주 사업자에게 위임했음이 드러났다. 그 결과 컨설팅부 직원들의 업무 대비 효율성은 크게 낮았다.

겉으로는 제안서 작성이나 소액으로 수주한 리서치 관련 업무 등으로 바쁜 듯 보였으나 핵심 사업인 컨설팅 업무에서 아무런 이익을 내지 못하는 상황이었다. 매출에 크게 기여하던 채용지원 업무도 2018년도 이후 거래가 급감했다. 새로 채용한 컨설턴트들의 인건비는 갈수록 올라갈 테니 2019년도 이익률 저하는 불 보듯 뻔했다. 적자 전환도 놀라운 일이 아니었다.

한편 경기 회복 기류와 맞물려 핵심 사업 중 하나인 연수 사업 수요는 다시 높아지는 중이었다. 하지만 1년 전 구조조정으로 사업을 지탱하던 인재들이 떠났고 기업 체제가 변경되면서 새로운 인재 육성 및 각 사업부의 업무 연계에 차질이 생겼다. 이래서는 모처럼 수주받아도 고객의 기대치를 충족시킬 수 있을지 미지수였다. 실제로 고객 만족도는 예전보다 크게 하락한 상태였다. 당장 연수 사업부를 재정비하는 것이 급선무였다.

상장을 목표로 V자 회복을 전망하던 참에 믿었던 컨설팅 사업부의 추락으로 B는 허탈감에 휩싸였다. 임원 회의에서 B는 통렬한 반성과 함께 재도약을 선언했다.

"모든 것은 표면적인 수치와 이미지에 현혹된 저의 책임입니다. 초심으로 돌아가겠습니다. 이번 기회에 우리의 사업이 무엇이고 어떤 가치를 고객에게 제공해서 이익을 창출해 나가는지 되돌아봅시다. 앞으로는 회계 수치와 우리가 지향하는 사업의 모습, 매니지먼트 개념이 부합하는지 진지하게 토론해 보고자 합니다. 상장보다 직원들이 자부심과 보람을 느낄 수 있는 회사를 만드는 것이 먼저라고 생각합니다."

A는 수년 전 함께 창업을 준비하면서 진정성 있는 목표를 강조했던 리더의 옛 모습이 떠올랐다.

• • •

숫자를 종교로 생각하는 사람들

사업을 지속할 것인가 중단할 것인가, 새로운 사업에 투자할 것인가, 인재를 얼마나 채용할 것인가 등 경영에 관한 중요한 판단들은 전부 숫자를 근거로 결정된다. Z사에서 일어난 상황은 비즈니스 업계에서 흔하디흔한 일이다. 나 역시 경험한 바다. 주식공개 준비나 신규 사업 추진의 경우 수치에 편중되는 경향이 더욱 강하다. 그러나 조직이 숫자를 최우선으로 삼기 시작하면 경영에 적신호가 켜진 것이다.

본래 숫자에 대한 집착은 매니지먼트가 가진 목적과 부합하지 않는다. 대기업의 분식회계나 성장 중인 IT 기업이 이용자에게 허위 정보를 제공해 접속자 수를 늘리는 일의 배경에는 예외 없이 숫자에 대한 집착이 존재한다. 안타깝게도 숫자가 목적이 되면 사람은 기업의 사명이나 이상을 잊고 윤리관, 판단력, 리더십까지 포기한 채 '숫자 만들기'에 올인해 버린다. 이는 드러커가 가장 경계한 상황이기도 하다.

실제로 구조조정이나 비용 삭감처럼 사업에 직접적인 영향을 끼치는 사안을 결정할 때 Z사와 유사한 흐름으로 진행되는 경우가 많다. 실적이 떨어지면 기업 전체가 일률적으로 비용 절감 목표를 세우고 실무진은 그저 따를 수밖에 없다. 경영진이 비용 절감이라는 안이한 판단을 내리는 이유는 숫자에 휘둘린 나머지 각 사업의 가치나 성장성이라는 측면을 고려하지 않기 때문이다.

그러나 드러커는 일률적인 비용 삭감에 강한 우려를 나타낸 바 있다. 《피터 드러커, 창조하는 경영자》Managing for Results는 드러커의 관리회계 원칙론을 다룬 책으로, 이 원칙의 전제는 회사에 여러 특성을 가진 사업이 존재한다는 사실을 인식하는 것이다. 기업에서 추진하는 각 사업은 시장 위치, 성장성, 고객 니즈, 필요 인력, 인재상, 경쟁우위 전략이 모두 다르다. 예컨대 정보시스템 개발, 패키지 시스템 도입, 시스템 유지 및 보수, 업무 컨설팅, 웹 디자인은 언뜻 보기에 IT라는 카테고리 안에 있는 사업처럼 보이지만 수익 구조, 고객이 추구하는 가치는 서로 다르다. 다만 같은 조직 안에서 공통의 사명을 공유하기에 급격한 환경 변화에 함께 대응해 나가는 것이다.

Z사처럼 인력서비스 기업이 여섯 가지 사업을 추진하는 경우 역시 드물지 않다. 이러한 회사에서 일률적으로 대규모 비용 절감을 감행하면 어떻게 될까? 경쟁우위를 점하며 매출 증대에 기여하고 기업 차원에서 투자해야 할 사업에서조차 비용이 삭감된다. 결국 기업은 새로운 고객을 창출하지 못하고 정체기를 맞이한다. 피치 못하게 구조조정을 해야 한다면 회사 전체 인원을 줄이기보다 사업의 특성 및 여건을 고려해 인원 과잉 부서에서 인력 부족 부서로 직원을 이동시키는 방법도 있다. 그러기 위해서는 기업을 일률적으로 파악하기보다 각각의 사업을 독립적으로

바라볼 필요가 있다. 드러커는 기업 자체보다 기업이 이끄는 사업을 먼저 고려하라고 강조했다. 사업이 발전하지 않으면 기업은 존속할 수 없기 때문이다.

보이지 않는 사업 목적부터 찾아라

중요한 사실이 하나 더 있다. 드러커가 지적한 바와 같이 현대는 지식사회다. 지식사회란 무엇일까? 인간이 가진 지식, 시혜, 의식, 서비스 제공 능력처럼 '눈에 보이지 않는 자본'이 사업의 성패를 좌우하는 사회를 말한다. 공장이나 토지처럼 산업 자본은 더 이상 중요한 요소가 아니다. 최근 떠오르는 벤처 기업들을 보면 산업 자본이 부족해도 아이디어라는 지식 자본만 있으면 얼마든지 성장 가능함을 알 수 있다.

이를 거꾸로 말하면 지식사회에서는 사업이 만들어 내는 가치의 원천이 '보이지 않는다'는 뜻이기도 하다. 그러다 보니 눈에 보이는 숫자만으로 판단해 고객의 가치는 고민하지 않고 일률적으로 비용을 줄이는 덫에 빠지기 쉽다. 이 덫에 빠지면 눈에 보이지 않는 가치까지 줄어드는 참사가 일어난다. 지식사회에서 이런 사태가 일어나는 걸 방지하려면 어떻게 해야 할까? 지켜야 하는 사업의 핵심 가치를 사전에 규정해야 한다.

◈ 산업사회에서 지식사회로

산업사회 (~1980년대)		지식사회 (1990년대~현재)
【비즈니스의 주요 성공 요인】		**【비즈니스의 주요 성공 요인】**

• 토지, 설비, 공장
• 직원 수
• 자본력
• 제품 제조 능력 및 생산성 등 눈에
  보이는 자본
		• 인재의 전문지식
		• 조직문화
		• 서비스 제공 능력
		• 창조성, 혁신성 등 눈에 보이지 않는
		  자본

예를 들어 직원 연수 프로그램이라면 고객이 가치 있다고 여기는 부분은 여러 가지가 존재할 수 있다. 강사진의 스펙 혹은 전문지식이 고객에게 어필하는 요소일 수도 있고 연수 이후 꼼꼼한 후속 조치나 참가자들의 피드백 분석이 타사 프로그램과 차별되는 요소일 수도 있다. 따라서 구조조정을 시행하는 경영진은 '우리 사업의 본질적 목적은 무엇인가?', '우리의 고객은 누구이며 그들에게 어떤 가치를 제공해야 하는가?' 같은 기본적인 질문을 통해 사업을 검증할 필요가 있다.

비단 서비스업에 국한된 얘기가 아니다. PC나 스마트폰 같은 하드웨어 기기를 취급하는 제조업에서도 사업 가치의 원천이 온라인에서 즐기는 애플리케이션이나 체험처럼 눈에 잘 보이지 않는 가치로 이동한 경우가 많다. 그뿐인가? 자동차 회사, 철도 회사, 항공 회사는 더 이상 이동 수단을 제공하는 회사가 아니다. 그들이 어떤 서비스와 경험을 제공하는지가 고객의 선택 기준이 된 지 오래다. 마찬가지로 생활가전 회사에서 고객이 가치 있다고 여기는 것은 제품 자체의 품질에 더해 신속하고 정확한 AS 및 상담 직원이나 설치 기사의 친절도다.

경영에 있어 중요한 판단 기준은 숫자의 증감뿐만 아니라 '우리 회사는 어떤 사업을 하려고 하는가?', '우리 회사는 고객이 원하는 가치를 제공하고 있는가?', '우리 회사는 고객이 원하는 가치를 사명에 맞는 형태로 제공하기 위해 무엇에 투자하고 어떤 비용을 줄여야 하는가?' 등 사업의 본질을 짚는 질문이 되어야 한다. 이는 앞서 제3장에서 소개한 드러커의 다섯 가지 질문과 일맥상통한다. 다섯 가지 중 앞의 세 가지 질문은 '우리의 사업은 무엇인가?', '고객은 누구인가?', '고객의 가치는 무엇인가?'였다. 이 세 가지 뒤에 따르는 질문이 '성과는 무엇인가?'라는 점을 기억해야 한다. 매출이나 이익률 등 회계 수치, 신규 고객 수, 고객 만족도, 재방문 횟수처럼 눈에 보이는 요소는 측정하기 수월하다는 장점이 있다. 그러나 성과에는 위의 세 가지 물음에 대한 답이 반영되어야 한다.

Z사는 앞의 세 가지에 이르는 질문에 대한 논의는 철저히 배제하고 오직 눈에 보이는 회계 수치(성과)로 경영에 관한 의사결정을 했다. 사업이 부진의 늪에 빠진 것은 당연한 결과다. 드러난 수

치상으로는 옳은 결정처럼 보였던 컨설팅 사업부에 대한 투자 판단을 비롯해 그 밖의 여러 판단이 모두 실패로 귀결된 것도 마찬가지다. 앞에서 설명한 경영 판단 원칙에 비추어 보면 완벽한 오판이었음을 알 수 있다. 이처럼 숫자만 보면 인간이 만들어 가는 사업의 본질은 희미해지기 마련이다.

"기업이 팔고자 하는 물건을 고객이 사는 경우는 드물다."

드러커의 말은 지식사회에서 중요한 의미를 지닌다. 이제 기업 측 논리만으로 경영 판단을 내리는 것은 지극히 위험하다. 자칫하다간 고객이 가치가 있다고 판단하여 구매로 이어지던 동기마저 파괴할 가능성이 있다. 지식사회에서는 눈에 보이는 수치뿐 아니라 눈에 보이지 않는 사업의 본질을 실무진과 경영진이 공유해서 어떤 비용은 줄이고 어떤 비용을 늘릴 것인지 결정해 나가야 한다.

드러커는《경영의 실제》The Practice of Management에서 이렇게 말했다.

계획지출 예산이 잘못 결정되더라도 경기가 좋을 때는 예산을 증액하고 구름이 약간이라도 끼면 감액하는 임기응변식 지출보다는 낫다.

매니지먼트가 가능한 지출은 이 책에서 지금까지 말해 온 원칙에 따라 판단하면 된다.

지식만이 사업의 성패를 결정한다

지식사회에서 투자를 결정할 때는 과거와 달리 한층 세심한 주의가 필요하다. 2017년도에 Z사의 실적 악화를 초래한 요인은 부주의한 투자 결정이었다. 여전히 벤처 및 중소기업을 중심으로 '전년도 ○○의 제품과 서비스 수주가 호황이었다. 그러니 다음 분기는 인원을 확충해 대대적으로 판매를 늘리자' 식의 단순하기 그지없는 의사결정이 수없이 이루어지곤 한다.

이는 신업혁명이 일어났던 18세기 산업사회에나 어울리는 방식이다. 물건을 만들고 시장에서 잘 팔리면 투자(투입량)를 늘려 실적을 높인다는 발상은 지식사회에서는 더 이상 유효하지 않다. 이유는 간단하다. 지식사회에서 사업의 성패를 결정짓는 요소는 오직 지식이기 때문이다. 고객이나 시장이 평가하는 지식(조직 구성원들이 교환하는 정보, 아이디어, 창의력 등)은 단순히 인원을 늘린다고 커지지 않는다. 오히려 인원을 늘리면 매니지먼트에 과부하가 걸려 애써 축적해 온 직장 내 지식이 원활하게 공유되지 않는다. 이는 곧 조직을 와해시키고 약하게 만든다

Z사는 2017년도에 대대적으로 인력을 확충했지만 당장 실적이 올라가지는 않았다. 왜일까? 인력의 증가가 반드시 지식의 증가를 동반하지는 않기 때문이다. 지식사회에서 이루어지는 서비스 영업은 전문지식, 아이디어 제시, 청취력, 프로젝트 매니지먼트

능력처럼 소프트웨어 측면이 관건이다. 소프트웨어 검증 없이 영업사원(특히 경험이 부족한 젊은 사원)을 투입한다면 고객을 만족시키기는커녕 실망시킬 공산이 크다. 또한 매니지먼트를 맡길 인재를 선별할 때도 세심한 주의가 필요하다. 종종 이름난 대기업에서 대규모 인원을 총괄하는 매니저 자리에 탁월한 성과를 올린 인재를 공들여 영입했지만 기대 이하의 결과를 보일 때가 있다. 왜일까? 그가 속했던 회사와 지금의 회사는 '지식 자본'이 완전히 다르기 때문이다. 직원들의 사고방식, 전문지식, 서비스 가치, 팀워크, 브랜드 이미지 등의 지식 자본이 전혀 다르다면 이전 회사의 방식을 따라도 성과를 낼 수 없다. 공장이나 설비처럼 산업 자본은 유사해도 지식 자본이 다르면 사업을 진행하는 방식이 달라진다. 그러므로 새로운 직장에 부임한 매니저는 직원들에게 이렇게 물어야 한다.

"이 사업의 우위성은 무엇이며 고객은 무엇을 가치 있다고 생각하는가?"

매니저와 함께 이 질문에 대한 답을 찾아가며 직원들은 자신도 몰랐던 본질적인 사업 가치, 조직이 가진 지식 자본이 무엇인지를 알게 된다. 사업 가치가 명확해지면 새로운 매니저도 원래 지니고 있던 영업 실력과 경험을 마음껏 펼칠 수 있다.

드러커는 새로운 직장에서 일을 시작하는 사람들에게 '이 조직은 어떤 가치를 추구하며 나는 여기서 어떤 기여를 해야 하는가'

를 철저히 탐색하라고 조언했다. 지식사회에서 성과를 올리는 매니저는 질문하는 힘, 보이지 않는 가치를 찾는 힘, 관찰하고 통찰하는 힘을 지닌 사람이다.

지식사회에 유효한 투자는 무엇인가

2001년 엔론Enron을 시작으로 2002년 월드컴WorldCom, 아서앤더슨Arthur Andersen 등 미국의 여러 기업이 분식회계와 비리로 파산하면서 전 세계를 충격에 빠뜨렸다. 이 무렵부터 리먼 쇼크의 조짐이 분명히 드러나고 있었다. 부당한 주가 띄우기는 기업 비리 사건의 공통점이다. 2008년 리먼 쇼크가 일어나자 드러커에게 수많은 취재 요청이 쇄도했다. 그는 지역 언론과의 인터뷰에서 이런 말을 했다.

"일련의 사건들은 그리 놀랄 만한 일이 아니다. 기업이 사익 챙기기에만 혈안이 되어 주가 가치를 극대화할 때 생기는 위험성을 나는 누차 경고해 왔다."

지극히 냉소적으로 말했지만 사실 드러커는 경영자의 탐욕 때문에 수많은 일자리가 사라지고 사회적인 안정이 훼손된 것에 그 누구보다 분노했다. 이익은 기업의 목적이 아니라 수단일 뿐이라고 누누이 강조했던 그였으니 분노를 감추지 못하는 것도 당연하다. 그는 기업의 경영자와 종업원 간의 현격한 수입 격차에 대해서도 강하게 비판했다. 그것이야말로 기업이 목적을 상실하고 폭주하고 있음을 보여 준 현상이었기 때문이다.

리먼 쇼크가 세계 경제를 강타한 이후 드러커 경영대학원에서는 회사는 누구의 것인가에 대한 논의가 빈번히 일어났다. 어느 수업에서 했던 토론은 아직도 기억이 생생하다. 지식이 실적의 원천이 된 지식사회에서는 전문지식을 가지고 일하는 지식 노동자가 회사의 소유자가 되어야 한다는 내용이었다. 재무 자본의 투자자(주주)나 지식 자본의 투자자(지식 노동자)나 현대사회에서는 모두 필수적인 자본의 제공자이자 사업의 소유자라는 얘기다.

기업의 회계 부정 사건은 왜 발생할까? 회사가 재무 자본의 투자자인 주주를 최우선으로 여기기 때문이다. 드러커 경영대학원은 회사 내부에서 귀중한 지식을 활용해 고객가치를 창출하고 매출 증대에 기여하는 지식 노동자도 주주와 똑같이 대우하는 매니지먼트가 필요하다고 강조한다. 지식 노동자는 단순히 보수만으로 움직이지 않는다. 최고 경영자의 배려와 이해가 결여된 일방적인 지시나 명령, 비용 절감에는 강력히 저항한다. 그들이 중요시하는 것은 사업의 사회적 의미와 보람이다. 지식 노동자의 동기를 무시한 전략, 재무적인 측면만 고려한 의사결정은 지식사회에서 결코 성공하지 못한다. 앞서 사례의 Z사 사장이나 CFO가 주식 상장을 목표로 실질적인 수치를 제시해도 직원들 사기가 높아

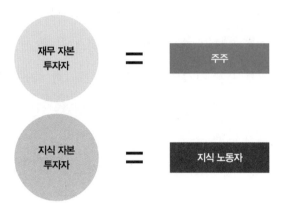

◆ 기업에 없어서는 안 되는 두 종류의 자본가

재무 자본
투자자

=

주주

지식 자본
투자자

=

지식 노동자

지식 노동사가 보람을 느끼지 않으면 조직은 발전하기 어렵다.

지지 않았던 이유다.

회사는 누구의 것인가? 재무 자본의 투자자뿐만이 아니라 지식 자본의 투자자도 회사의 소유자라고 생각하게 되면 매니지먼트에 대한 사고방식이 근본부터 바뀔 것이다. 회사의 소유자는 주주라는 논리에 근거하여 무리한 인수나 합병을 시도하면 사내의 지식 노동자들은 의욕과 보람을 잃는다. 그동안 해 온 연구와 개발 작업이 지속될 수 없다고 느끼는 순간, 그들은 미련 없이 직장을 옮긴다. 이는 그들이 가진 지식이 다른 조직으로 유출됨을 뜻한다. 기업으로서는 엄청난 손실이 아닐 수 없다.

그런 이유로 미국은 지식 노동자가 다른 곳으로 이동하지 않도록 투자자가 직원들의 동기부여를 염두에 둔 투자 방안을 고민한다. 이것이 지식사회의 현실이다. 구글의 전 CEO 에릭 슈미트가 드러커 이론을 바탕으로 지식 노동자의 의욕을 고취시키는 매니지먼트를 실천해 큰 성과를 올린 사실은 유명하다.

조직은 보람을 느낄 수 있는 목적을 공유하고, 사람의 능력을 최대한 발휘시키는 매니지먼트의 토대 위에서 성장한다. 지식 노동자에게 동기를 부여하여 조직 내 지식이 풍성해지도록 하기 때문이다. 매니지먼트가 이렇게 이루어질 때 주주와 직원 모두에게 보답하는 회사로 성장할 수 있다. 그리고 이런 회사가 많아지는 세상이야말로 드러커가 바라던 이상적인 세상이 아닐까?

지식 노동자의 가치를 재정의하라

중요한 논점이 하나 더 있다. '어떻게 지식 노동의 비용과 원가를 정확히 파악할 수 있는가'다. 이를 바꿔 말하면 '높은 매출총이익 중에서 우리의 핵심 사업이 정말로 수익을 창출하고 있는지 어떻게 알 수 있는가'다.

지식 노동에서 사업 비용의 특징은 원가 구성으로 나타난다. 제조업을 중심으로 했던 기존의 산업에서는 재료비, 노무비, 외주비, 경비라는 원가 항목 중 재료비 비율이 압도적이었다. 물건을 구입해서 가공 및 제조해 시장에 유통하는 형태가 일반적인 사업의 흐름이었기 때문이다.

반면 지식사회에서는 원가 구성 중 노무비 비율이 압도적으로 높다. 컨설팅, 디자인, 교육 및 연수, 서비스, 시스템 개발, 이벤트 관리 및 운영 등 사람들이 팀을 이뤄 아이디어를 내고 최종 결과물과 서비스를 만드는 사업 형태이기 때문이다. 일하는 단위도 이제는 조직보다 프로젝트가 주를 이룬다. 공장에서 나온 결과물 대신 프로젝트에서 나온 결과물이 팔리는 상품이 된다는 얘기는 곧 프로젝트에 속한 인건비가 고스란히 원가가 된다는 뜻이다.

다음의 비교표를 살펴보자. 서비스업을 지식 노동의 대표적인 산업 분야로 가정했을 때 제조업과 서비스업의 원가 구성을 비교한 것이다. 앞에서 언급한 대로 판매가격 결정 방법, 매출 집계 타이밍, 원가 확정 기준 등 양쪽이 확연하게 다르다.

판매가를 결정한 후 물건을 제조해 유통시키는 것이 제조업의 기본적인 흐름이라면, 서비스업(특히 위탁 서비스업)은 매번 견적을 내고 논의를 통해 판매가를 결정한다. 컨설팅이나 웹 개발은 수주 즉시 매출로 직결되는 일은 거의 없고 일정한 작업 기간을 거쳐 납품하고 그에 따라 매출이 계산된다. 원가 자체도 작업을 완료하기 전에는 확정되지 않는다. 서비스와 결과물을 완성하기 전까지는 인건비가 얼마나 들지 알 수 없기 때문이다. 물론 작업을 시작할 때 예측했던 판매가 이상으로 원가가 늘어날 가능성도 있다.

관리 항목	제조업	서비스업 (소프트웨어 개발, 웹 제작, 이벤트 등)
판매 가격	고정적	유동적 (견적, 협상에 따라 다름)
매출 집계	수주 즉시 매출 집계	일정 기간 작업 후 납품 및 집계
원가	고정적	일정 기간 작업 후 납품 및 집계
원가 내역	재료비의 비율이 높음 (예: 재료비 65%, 노무비 15%, 경비 20%)	노무 관련비의 비율이 높음 (예: 재료비 2%, 노무비 86%, 경비 12%)

결국 지식 노동에서 진정한 수익성은 단순히 물건의 제조 이상으로 세심히 살피지 않으면 파악하기 어렵다.

앞서 Z사의 사례를 다시 한번 살펴보자. 컨설팅 사업에서 Z사는 2017년도 매출총이익률 65퍼센트라는 높은 수치를 기록했다. 그러나 이익의 내용이 어떤 업무에서 나왔는지 명확히 밝히지 않은 채 투자 판단을 하는 바람에 결국은 실패로 돌아가고 말았다. 실상은 경영진이 부가가치가 높다고 생각한 컨설팅 업무보다 우연한 인맥으로 발생한 채용지원 업무가 컨설팅 사업부의 주력 사업이 된 상태였다. 물론 사내의 지식을 모아 성과를 올리는 부가가치가 높은 일이라면 채용지원 업무도 기업의 중장기적인 가치로 삼을 수 있다. 그러나 Z사는 업무의 대부분을 외주로 돌리고 있었기에 당장은 이익이 나더라도 향후 투자에 적합하다고는 할 수 없는 상황이었다. 외주 비율이 증가하는 것에 비해 컨설팅 사업부 본래 업무, 즉 컨설팅 업무는 지지부진하기만 했다. 애당초 채용지원 업무를 위해 고용한 인력은 없었으므로 피치 못하게 외주를 준 것인데 그 결과 고비용 인재(컨설턴트)의 업무 대비 효율성이 떨어지기 시작했다. 비록 겉으로 드러난 매출총이익률이 높아도 경영진이 의도한 사업으로 이익이 나지는 않았던 것이다.

이러한 것들은 지식 노동을 '관리회계'managerial accounting로 분석해 식원들이 매출이나 매출총이익에 정말로 기여하는지 검증하지 않으면 잘 보이지 않는다. 참고로 관리회계란 조직 내부에서 사업이나 상품의 이익률이나 이익의 원천을 분석하는 회계 방법이다. 반면 재무회계financial cacounting는 재무제표 작성을 중심으로 대외적으로 실적을 나타내기 위한 일련의 업무를 말한다.

원가에 포함되는 시간 비용이 계산되지 않아 매출총이익이 실제보다 높게 나오는 일도 있다. 예를 들어 관리자나 영업 담당자가 업무 시간 대부분을 현장 프로젝트에 할애하는 경우를 살펴보자. 직원들의 시간 비용을 따질 때 직접 제조 활동에 종사하는 비율 분은 원가를 합산하고 어느 프로젝트에 얼마나 시간을 할애했는지 제대로 산출하지 않으면 매출총이익률이 부정확해진다. Z사도 관리자나 영업 담당자가 안건 관리 및 현장지원 같은 작업에 많은 시간을 할애했을 가능성이 있다. 결국 진행하는 사업 매출총이익 수치의 내막을 면밀히 살펴보지 않으면 수익성의 실체를 파악하기 어렵다.

앞서 살펴봤듯이 지식사회에서는 노동비가 원가의 대부분을 차지한다. 그렇다면 노동자가 시간을 어떻게 사용하는지 살펴볼 필요가 있다. 일례로 어느 시스템 회사가 시스템 개발자의 한 달간 노동 시간을 집계했더니 190쪽의 그래프와 같은 결과가 나왔다. 통상적인 위탁 작업이나 시스템 유지 및 보수 서비스 등 이른바 유상 가동(수익을 내는 노동)이 70퍼센트 이상을 차지하므로 나름 건전한 형태라고 볼 수 있다.

반면 앞에서 소개한 Z사의 컨설팅 사업부 직원의 노동 시간을 집계했다면 어떤 결과가 나왔을까? 대기, 제안, 상담 등 소위 무상 가동(수익이 없는 노동) 시간이 과반임을 확인했을 것이다. 더군다나 사내 컨설턴트들의 유상 가동 시간이 낮은 반면 외주비는 높다는 점을 파악해 비즈니스 모델의 결함을 발견할 수 있다.

그리고 이 결함이 수익에 어떤 영향을 미치는지 알 수 있는 방법 또한 있다. 회계를 조금이라도 공부한 사람이라면 'ABC'Activity-Based Costing에 대해 들어 본 적이 있을 것이다. 활동 기준 원가 계산을 뜻하는 ABC는 하버드 경영대학원 교수 로버트 카플란Robert Kaplan이 만든 개념이다.

간단히 설명하자면 ABC는 특정 제품이 탄생하기까지 투입된 활동activity을 세분화한 뒤 활동에 따라 적절한 기준으로 배분해

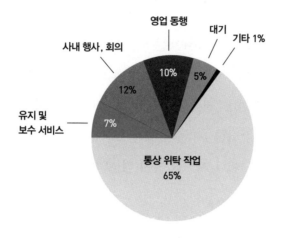

◆ 시스템 개발자의 노동 시간

영업 동행
대기
기타 1%
사내 행사, 회의
10%
5%
12%
유지 및
보수 서비스
7%
통상 위탁 작업
65%

제품이나 서비스의 원가를 최대한 실제와 가깝게 산출해 내는 방식이다. ABC에서는 제품과 서비스의 판매가가 적정한지, 제품과 서비스가 어느 정도 수익을 창출할 수 있는지, 보다 경쟁력 있는 가격을 산정할 수 있는지의 시점에서 철저한 논의를 거친다.

전통적인 원가 계산 방법에서는 간접비를 한 가지 기준으로 배분해 제품이나 서비스 원가가 왜곡되는 일이 많았다. 이러한 문제점을 해결하고자 ABC는 간접비를 세분화된 기준으로 나눠 제품이나 서비스 원가를 현실에 가깝게 계산하는 것을 목표로 한다. Z사의 컨설팅 사업부처럼 직원의 무상 가동(또는 비가동) 시간이 길어지면 제조 간접비만 제품이나 서비스에 배분되므로 일견 수익성이 좋은 듯 보이지만 ABC로 계산하면 그 반대의 결과가 나온다.

물론 지식사회에서는 고객이 생각하는 가치와 그 가치에 기여하는 활동 및 비용을 결합시키는 것이 쉽지 않다. 따라서 활동이나 시간을 세심하게 분석하고 고객이 생각하는 가치로 결합시키는 방법을 고민해야 한다. 당장 시스템을 바꾸기는 힘들 것이다. 그러나 시간이나 비용을 명확히 밝혀 어떤 사업 및 서비스에 공헌하고 있는지를 논의의 출발점으로 삼는다면 매니지먼트 성과를 올리는 데 필요한 힌트를 얻을 수 있다.

지식산업은 업무 내용이나 서비스가 복잡해지는 경향이 있다. 그러므로 매니저는 사업에 초점을 맞추고 사업의 정의, 해당 사업에서 고객이 원하는 가치, 그 가치를 창출하기 위한 원가를 늘 체크해야 한다. 그렇지 않으면 이후에 업무와 그 과정이 점점 복잡해져 사업의 실체를 파악하지 못하는 불상사가 생긴다. 전체적으로 이익을 내니까 상관없다는 생각은 위험하다. 매니저는 이익의 유무나 크기보다 어느 사업이 건전한 이익을 올리고 있으며, 그 이익이 지속가능한지, 그렇다면 그 이유는 무엇인지를 끊임없이 자문해야 한다.

관리회계 측면에서 본 매니지먼트에 대해서는 《창조하는 경영자》에 자세히 적혀 있다. 드러커는 1964년에 저술한 이 책에서 현대 조직이 지금까지도 해결하지 못한 관리회계를 위한 매니지먼트의 근본적인 과제를 명확히 제시했다. 그의 선견지명이 새삼 놀라울 따름이다.

구글의 '20퍼센트 룰'이 남긴 과제

1920년대에 처음 시작된 회계원리는 지금은 완전히 진부한 것이 되었으나 이 또한 제조 산업에 한정된 것으로 서비스 산업에는 적용하기 어렵다. 오늘날 제조 산업은 GNP(국민총생산)에서 23퍼센트, 총고용에서 16퍼센트만을 차지한다. 그러므로 나머지 대다수 산업에서 쓸 만한 회계 시스템을 갖고 있지 않은 셈이다. 문제는 서비스 산업의 회계가 단순하다는 것이다. 백화점이든 대학이든 병원이든 돈이 얼마나 들어오고 나가는지는 안다. 심지어 어디로 나가는지도 안다. 그러나 지출과 성과를 연관시킬 수 없다. 아무도 그 방법을 알지 못한다.

이는 《넥스트 소사이어티》에 나오는 내용이다. 드러커는 지식 노동의 대표적인 업종인 서비스업에 대해 큰 성장 가능성을 예감하면서도 이 업계의 원가 계산 방식이 뒤처져 있음에 우려를 나타냈다. 앞서 서술한 바와 같이 지식사회에서는 파는 것(서비스)이나 인간의 노동 모두 무형화된 경우가 많다. 따라서 제조업에서는 손쉽게 이루어지던 지출과 성과의 연결고리가 서비스업에서는 그리 간단치 않다. 드러커에 따르면 서비스업에서는 관리회계의 어려움이 훨씬 높아지기에 그만큼 정교함이 요구된다.

이제는 지식 노동자가 주역인 시대다. 매니저는 지출(비용)을 어떤 성과로 연결시키고 싶은지를 명확히 정의해 이를 비전으로 나타내야 한다. 그런 다음 그 비전을 바탕으로 결과를 검증해야 한다. 얼핏 시간 낭비처럼 여겨지는 부서 간 간담회나 사내 이벤트가 중요한 성과로 연결되는 일이 있다. 부서 간 사업 아이디어 교환이나 신속한 커뮤니케이션 같은 성과 말이다. 사내 행사를 개최할 때 명심해야 할 점은 행사에 할애하는 시간과 비용이 무엇을 위해 쓰이는지에 대한 '목표 의식'을 공유하는 것이다. 다시 말해 지식 노동자들이 그 시간과 비용을 써서 어떤 성과를 만들어 낼지 명확히 하라는 말이다. 연례행사처럼 여겨지던 사내 행사에 목표를 명시해 공유하면 쓸데없는 시간 낭비가 유용한 투자로 거듭난다.

구글은 근무 시간의 20퍼센트를 엔지니어가 원하는 일에 사용하도록 권장했다. 구글이 이 룰을 추진하면서 목표로 삼은 것은 혁신적인 아이디어 발굴이었다. 놀랍게도 오늘날 우리가 익숙하게 사용하는 구글 서비스 대다수가 이 20퍼센트 시간에 만들어졌다. 그 시간이 본래 의도된 목표를 달성하는 데 완벽하게 사용된 것이다. 최첨단 지식사회에서 매니지먼트가 전략적 의도를 가진다면 지출과 성과를 연결시키는 것은 불가능한 일이 아니다.

지출과 성과를 연결 짓기 위해 새로운 회계 시스템을 도입할 필요는 없다. 중요한 건 발상의 전환이다. 자사의 지식 노동에서 본질적인 사업 가치(성과)는 무엇인가, 그 가치를 창출하기 위해 어떤 지출을 해야 하는가를 조직 구성원들끼리 심도 있는 대화로 답을 찾아가면 된다. 그 대화 속에서 가치를 만들어 낼 행동에 대해 매니저와 직원들 간의 접점을 찾을 수 있을 것이다.

이익은 경영진의 의견일 뿐이다

지금까지 다소 전문적인 이야기를 했는데 지금부터는 회계에 대한 이야기로 다시 돌아가보겠다. 나는 드러커 경영대학원을 다니면서 마크 마수드Mark Massoud 교수에게 재무회계를, 조셉 마시아리엘로 교수에게 관리회계를 배웠다. 우연히도 두 교수는 드러커가 뉴욕대학교에서 교편을 잡던 시절 그의 동료들이었다. 재무회계, 관리회계, 그리고 조직 매니지먼트. 언뜻 보면 분야가 전혀 달라 보이지만 세 과목은 같은 뿌리를 공유한다. 막상 강의를 들을 때는 내용을 따라가는 데 벅차서 그런 생각을 할 여유가 전혀 없었지만 말이다.

마수드 교수의 재무회계 강의는 듣기 전까지 어떤 식으로 수업이 이루어질지 전혀 감이 잡히지 않았다. 그는 강의 중 학생들을 지목해 발표시키기로 유명한데 첫 번째 강의는 유난히 긴장했던 기억이 난다. 그의 철학은 지극히 명료했다. 숫자의 배후에 존재하는 기업의 가치관, 비전, 전략, 조직문화, 체질을 읽으라는 것이었다. 그래서 회계 수업임에도 전문적인 용어나 계산법에 대한 해설은 전무했다(물론 용어나 계산법은 모조리 외운 뒤에 수업에 임해야 했다). 그는 다양한 시사 뉴스와 기업 사례를 통해 "이 경영자가 이런 결정을 내린 이유는 무엇이라고 생각하는가?", "회계와 매니지먼트, 양쪽에서 대답하라."라는 식의 질문을 자주 했다. 깊이 생각하지 않으면 대답할 수 없는 질문이었기에 수업 내내 적지 않은 고생을 했지만 그만큼 성장할 수 있었다.

과제를 발표하는 시간에 마수드 교수가 했던 말이 기억에 남는다. 당시 학생들은 그룹을 지어 각 그룹에서 선택한 기업의 가치를 분석하는 과제를 진행하고 있었다. 당시 내가 속한 그룹은 첫 번째 프로젝트에서 소니, 두 번째 프로젝트에서 인텔을 맡았다. 우리 팀의 과제는 이들 기업을 낱낱이 분석해 현재의 주가가 적정한지 여부와 그 근거를 제시하는 것이었다. 발표 날짜가 결정되면 마수드 교수와 지속적으로 상담하면서 강의와 병행해 그룹 프로젝트를 진행시키는 형식이었다. 그러던 어느 날 그가 학생들에게 따끔한 일침을 놓았다.

"요새 그룹 프로젝트 질문을 수시로 받습니다. 제가 보아 하니 모든 그룹이 예외 없이 엑셀로 집계한 숫자만 보여 주고 끝이더 군요. 여기서 확실히 밝히겠습니다. 숫자에만 매달리는 그룹은 아무리 잘해도 B 이상 점수를 주지 않겠습니다. 명색이 드러커 경영 대학원 학생이라면 숫자의 배경에 있는 경영자의 사고방식, 가치관, 윤리의식, 기업의 체질, 전략성을 제대로 분석할 줄 알아야 합니다.”

그의 말이 끝나자마자 숫자에 강한 인도 학생들은 난감한 기색이 역력했다. 그중 한 명이 손을 들었다.

“주주 관련 리포트나 공개된 재무 자료를 가지고 가치관이나 윤리의식, 기업 체질 등을 외부인이 파악하기란 쉽지 않습니다.”

“풋노트footnote를 읽고 관련 신문 기사를 읽으십시오. 기업의 숫자를 보고 가설을 세운 다음 그걸 뒷받침할 만한 정보를 찾으십시오. 그러면 기업이 어떤 마인드로 조직을 경영하고 있으며 앞으로 얼마나 성장 가능성이 있는지 알 수 있습니다.”

참고로 풋노트란 ‘연례보고서’annual report 라 불리는 투자자용 재무 정보에 실린 각주를 말한다. 가령 특별손실에 대한 각주에는 과거 소송 횟수나 소송에 대한 대응과 진척 상황이 나온다. 이를 토대로 과거 신문 기사를 조사해 보면 소송이 일어난 배경이나 경영진, 직원의 비리·부정 기사를 찾을 수 있다.

마수드 교수는 풋노트에 나온 ‘추정하다’estimate라는 단어에 주의하라고 조언했다. 어떤 전제를 세우고 독자적인 추측을 통해 대손충당금을 조정하거나 감가상각 방법을 변경하는 기업이 있다. 그 전제가 적정선일 수도 있으나 오로지 이익만 추구하면 비현실적인 전제를 설정하게 된다. 기업의 매니지먼트를 분석하고 싶다면 공개된 정보만 봐도 기업의 윤리의식이나 체질을 파악할 힌트는 많다.

마수드 교수는 "이익은 경영진의 의견에 불과하다."고 늘 강조했다. 이번 장의 사례만 봐도 알 수 있듯이 겉으로는 수익을 낸 듯 보여도 이는 특정 의도가 반영된 결과일 수 있으며 어떤 기준을 두는가에 따라 얼마든지 달라질 수 있다.

이처럼 마수드 교수의 강의는 회계 수업임에도 기업의 전략을 분석하고 그 전략이 적절한지 여부를 판단하는 과제가 큰 비중을 차지했다. 전략 이론의 기본 지식이 없었다면 수업을 따라가기 힘들었을 것이다. 제출하는 리포트마다 기업을 둘러싼 거시적 환경 분석, 업계 내부 상황 분석, 경쟁 환경, 사업별 전략의 적절성 여부를 분석해야 했다. 조직 내부의 체질, 직원 만족도, 인사 정책도 참고 자료로 명시해야 할 정도였다. 여기까지 단계를 밟은 뒤에야 비로소 숫자를 이야기할 자격이 생겼다. '향후 매출이나 이익은 어느 정도까지 증가할 것인가', '어느 정도 경쟁우위를 유지할 수 있는가', '앞으로 유동성 전망은?'과 같은 수치 분석은 기업을 총체적으로 바라보는 시각을 뒷받침하는 근거일 뿐이었다.

드러커는 "이익은 기업의 목적이 아니다. 이익은 사업의 계획,

조직 매니지먼트의 결과이자 성과를 판단하는 기준이자 사업을 존속하기 위한 조건이다."라고 말한 바 있다. 나는 마수드 교수의 강의에서 이 말의 의미를 뼈저리게 실감했다.

성과를 채점하는 네 가지 기준

기업의 비전이나 전략을 분석하며 숫자의 의미를 탐색하는 마수드 교수의 강의는 마시아리엘로 교수의 관리회계 강의와 통하는 지점이 많았다. 마시아리엘로 교수는 그의 강의에서 '균형 성과기록표'Balanced Score Card, BSC 라는 개념을 실무 관점에서 가르쳤다. BSC는 앞서 소개한 ABC의 개발자 카플란 교수가 제시한 개념으로 성과를 평가하는 도구다. 재무적 지표뿐 아니라 다양한 측면에서 기업의 성과를 균형 있게 측정하기 위한 목적으로 만들어졌다. 여기에는 드러커의 매니지먼트 사상이 깊이 반영되어 있다.

구체적으로 살펴보면 조직의 비전과 전략을 실현하기 위해 재무, 고객가치의 향상, 업무 프로세스 효율화, 직원의 학습 및 성장이라는 네 가지 지표로 각각의 목표 달성 여부를 파악한다. 네 가지 관점들의 개별적인 평가도 중요하지만 각각의 영역이 상호작용하면서 균형 잡힌 목표를 달성하는 것이 핵심이다.

마시아리엘로 교수의 관리회계 강의에서는 BSC를 도구가 아닌 하나의 '개념'으로 인식하고 그 의미를 논의했다. 단순히 목표치를 나열해 관리하는 데 그치지 않고 재무 목표(이익률 혹은 생산성)가 구체적으로 어떤 고객가치로 이어지는지, 목표 달성을 위해서는 어떤 업무 프로세스와 직원 교육이 필요한지를 고민했다. 이 강의를 들으며《피터 드러커 자기경영노트》에 나온 한 구절이 떠올랐다.

모든 조직은 세 가지 주요 영역에서 성과를 올릴 필요가 있다. 첫째, 직접적인 결과를 산출한다. 둘째, 가치를 창출하고 재확인한다. 셋째, 내일을 위한 인재를 키우고 개발한다. 이 모든 영역에 성과를 올리지 못하면 조직은 쇠퇴한다. 따라서 세 가지 영역에 공헌하는 것을 모든 업무에 접목시켜야 한다.

매니지먼트에서는 직접적인 성과를 나타내는 이익과 생산성 향상이 필수다. 하지만 그것만이 목적은 아니다. 재무라는 목표와 가치 창조, 인재 육성이라는 다른 목표가 균형 있게 연계될 때 기업은 성장한다. 드러커와 마시아리엘로 교수는 BSC를 단순한 관리 도구가 아니라 매니지먼트 철학으로 파악했다고 볼 수 있다.

숫자 속에 숨은 경영 메시지를 찾아라

이번 장에서는 드러커 경영대학원의 회계 강의에서 깨닫게 된 점들을 다뤘다. 여기까지 읽었다면 회계와 매니지먼트가 서로 밀접히 연결되었음을 이해했을 것이다.

아무리 거창한 이념을 앞세우고 최첨단 기술을 활용해 생산적이고 효율적인 비즈니스 모델을 추구해도 대차대조표를 보면 불필요한 투자의 흔적, 현금화가 어려운 재고, 외상 대금 등이 발견되는 경우가 있다. 이때 숫자만 보고 구조조정을 단행하거나 반대로 무리한 투자를 한다면 지속적인 사업 성공은 요원하다.

성공적인 사업을 위해서는 다음과 같은 질문을 통해 회계 수치와 매니지먼트 과제 및 기업 목표를 연관 지어 전략을 모색해야 한다.

- 이 숫자는 조직과 현장의 어떤 현상을 반영하는가?
- 이 숫자의 배경에는 어떤 경영상의 판단이 있었는가?
- 그 판단은 자사의 경영 비전과 부합하는 것이었나?
- 어떻게 시장 환경을 파악하고 판단을 내렸나?
- 결과를 통해 무엇을 배워야 하며 업무 방식을 구체적으로 어떻게 바꿔야 하는가?

 안타깝게도 경영 관리·회계·재무 등을 담당하는 지원 부서와 사업부 사이에 보이지 않는 벽이 존재하는 기업들이 여전히 많다. 그러나 양쪽 모두 매니지먼트에 필요한 기능이자 지향하는 목표는 같다. 서로 같은 방향을 바라보며 전문성을 발휘해 공통의 언어로 지혜를 모은다면 경쟁력 있는 조직으로 거듭나는 일은 시간문제다.

 회계를 인간적인 행위인 매니지먼트와 연결 지어 생각하면 이익이나 비용을 나타내는 숫자 이면에 담긴 중요한 메시지가 보인다. 회계는 결코 딱딱하고 지루한 수학이 아니다. 이 장의 내용을 통해 여러분도 회계를 더욱 즐겨 보기를 바란다.

제6장

조직문화의 원칙

조직을 쥐고 흔들지 마라

MBA를 공부할 때 사람과 조직에 관한 부분은 가장 핵심적인 주제로 손꼽힌다. 조직 구조, 인사 제도, 직원 평가, 보수 책정, 동기 부여, 인재 육성, 조직 개발, 조직 혁신 등 여러 분야에서 조직과 관련해 수많은 연구와 이론이 발표되었으며 MBA 과정에서도 이를 반영한 수업이 이루어지고 있다.

예전에는 MBA라고 하면 회계나 재무처럼 수치를 관리하는 과목이 주류라고 인식했으나 최근에는 사람이나 조직을 중시하는 인식이 강해졌다. MBA 외에도 코칭 및 퍼실리테이션(그룹토론을 이끌어 가는 기술)을 비롯한 커뮤니케이션 능력에 대한 요구가 증가해 많은 기업의 리더가 관심을 가지고 배우는 중이다.

그러나 이러한 기법들이 본래 목적이나 본질을 잃어버린 채 실무에서는 지나치게 방법론만을 추구하고 있다는 느낌을 자주 받는다. '조직의 목적은 무엇인가', '직원의 능력을 최대한 끌어내기 위해서 매니저가 유의할 점은 무엇인가', '조직이 최고의 성과를 올리려면 무엇이 필요한가'와 같은 본질적인 물음을 등한시한 채 조직 구조, 기법, 인사관리 프레임워크 등 세부적인 항목만 집중하면 어떻게 될까? 조직 이론에는 해박하지만 정작 팀 매니지먼트에는 서툰 사람이라는 평가를 받을 확률이 높다.

누차 강조하건대 마케팅, 혁신, 회계, 조직론을 통틀어 드러커의 매니지먼트 원칙은 각론이 아니라 총론(전체 목적)에 있다. 각론에 매몰되면 그만큼 시야가 좁아지기 때문이다. 조직의 성과를 원하는 매니저라면 다음의 다섯 가지 질문을 생각해야 한다.

- 사업의 사명과 목적은 무엇인가?
- 고객은 누구인가?
- 고객은 무엇을 가치 있게 보는가?
- 사업을 발전시키려면 어떤 성과를 올려야 하는가?
- 성과 향상을 위해 사람과 조직의 강점을 어떻게 살려야 하는가?

전체적인 시점에 포커스를 맞추면 인간의 에너지는 조직의 목적을 향해 움직인다. 근로자가 자발적으로 능력을 발휘해 생산성을 높이고 성취감을 느끼도록 하는 것이 매니지먼트의 목적임을 잊지 말자.

이번에 소개하는 사례 역시 실제 있었던 일을 기반으로 한다. 조직 이론을 잘못 적용해 난관에 봉착한 예는 실무 현장에서 빈번하게 발생한다. 조직 이론 자체는 현 상황을 수월하게 분석하도록 도와주고 선택 가능한 대안을 넓히므로 매니저에게는 든든한 아군이나 다름없다. 그러나 이론을 적용할 때 중요한 원칙을 놓치면 모처럼 배운 지식을 효과적으로 활용하기 어렵고 나아가 부정적인 결과를 초래할 위험도 있다.

조직이 팀으로서 성과를 거두려면 무엇이 가장 중요한가? 다음 사례를 보며 함께 생각해 보자.

CASE 조직 구조를 바꾼 사람과 실패한 사람의 차이

대기업 가전제품 브랜드 H사의 여성 매니저인 A(35세). 최근 수요가 증가하고 있는 가정용 피부관리 제품을 취급하는 여성용 미용 가전 부서에서 근무한다. 여성에게 친숙한 제품이라 업무 처리에는 큰 문제가 없지만 매니저로서 조직을 운영하는 데는 상당한 애를 먹고 있다. 역사와 전통을 자랑하는 H사에서 프로젝트를 원활히 진행하려면 공장 기술자들과의 협력은 필수다. 게다가 마케팅, 영업, 개발, 생산, 품질관리 등 각 부서와도 원활하게 소통해야 한다. 그러나 최근 의견 충돌이 잦아졌다.

H사는 내년 가을, 모 대기업 의류 브랜드와 제휴해 도심에 큰 규모의 매장을 입점하기로 했다. 미용과 패션에 관심 있는 여성 고객을 끌어들이기 위한 중대 프로젝트였다. 2년 6개월 전부터 구상을 시작해 출점까지 앞으로 몇 개월 남은 상황이었다. 그러나 야심 차게 시작한 프로젝트는 이내 난항에 빠졌다. 매장 콘셉트와 상품 기능, 디자인 등 모든 부분에서 사내 의견 조율이 좀처럼 이루어지지 않은 것이다. 프로젝트 리더는 미용 가전 부서의 마케팅 부장이 맡았지만 반복해서 밀려오는 업무들과 다른 안건들에 쫓겨 꼼꼼하게 프로젝트를 챙기기 어려운 상황이었다.

프로젝트 총책임자 B(54세)는 H사에서 신규 사업개발과 글로벌 사업 부문을 담당해 왔다. 오랜 역사를 가진 H사에서 창업자의 벤처 정신을 계승하는 미래의 사장 후보로 불리는 인물이었다. 어느 날 B는 매니저 2년 차인 A를 호출했다.

"A씨가 프로젝트 리더를 맡아 주세요. 리더를 맡고 있는 마케팅 부장에게는 잘 얘기해 손을 떼게 할 생각입니다. 지금 직원들 일하는 방식이 중구난방이라 걱정이긴 한데 A씨가 팀원들을 잘 조율해서 이끈다면 한 방향으로 함께 가는 조직을 만들 수 있을 거라 믿어요."

A는 무거운 책임감을 느끼면서도 갑자기 찾아온 기회에 가슴이 뛰었다. 경영학부 출신인 그녀는 대학 시절 조직론 세미나에 참여했고 직장인이 된 이후 조직 혁신, 조직 개발, 인재 개발을 다루는 경영서들을 탐독하며 사내외 연수 및 스터디 그룹에 적극적으로 참가해 왔다. '지금까지 공부해 왔던 지식을 활용할 때다!' A는 굳은 각오를 다졌다.

　다음 주에 열린 프로젝트 전체 회의에서 B는 A를 본인 직속의 프로젝트 리더로 발탁했음을 공식적으로 알렸다. A는 간략한 인사를 마치자마자 프로젝트를 성공시키기 위한 주력 과제에 대해 프레젠테이션을 시작하여 다음 내용들을 과제로 제시했다.

　'부서별 미션 재확인', '프로젝트 조직 채제 재확인', '업무 프로세스 재정비', '프로젝트 매니지먼트와 진척 관리 방법 재검토', '웹을 활용한 정보와 자료 공유', '부서 간 커뮤니케이션 활성화'.

　"프로젝트 성공을 위해 그동안 소홀했던 과제들을 차근차근 해결해 나가겠습니다. 가을에 최고의 성과를 이룰 수 있도록 함께 노력합시다!"

　A는 긴장감 속에서 프레젠테이션을 마무리했다. 스스로도 만족스러운 발표였다. 20명 넘는 프로젝트 직원들이 반론 없이 경청하는 분위기도 A에게 자신감을 심어 주었다.

　다음날부터 직원들과 함께 구체적인 작업에 착수했다. 첫 번째로 각 부서의 미션, 업무와 정보 체계를 문서화한 다음에 회의를 통해 각 부서 직원들에게 업무를 확실히 주지시키고 철저한 관리를 지시했다. 리더를 맡은 뒤 한 달 간은 회사에 틀어박혀 일만 했다. 체력적으로 힘들었으나 A는 더없는 충만감을 느꼈다. 조직 재정비, 조직 혁신이라는 과제에 자신이 실질적으로 참여하고 공헌한다는 실감이 들면서 가슴이 뛰었던 것이다.

프로젝트팀이 야심 차게 시동을 건 지 2개월이 지났다. 그러나 왜인지 프로젝트는 답보 상태에 빠졌다. 생산, 개발, 영업, 마케팅 부서들의 갈등이 봉합될 기미가 보이지 않았다. A는 논의 과제를 논리적으로 정리해 회의록을 통해 직원들과 공유했다. 과제 목록과 검토 사항을 클라우드를 통해 직원들에게 전달했으며 회의에서 결과 보고를 꼼꼼히 체크했다.

그렇게 다시 3개월이 지났다. 철저한 계획과 규율을 세우고 직원들을 관리했음에도 프로젝트는 여전히 지지부진한 상태였다. 스케줄이 차일피일 지연되자 직원들 사이에서도 초조함과 불안함이 드러나기 시작했다. 일이 잘 풀리지 않다 보니 A는 신경이 곤두섰고 회의 중 다른 팀원과 감정적으로 충돌하는 일마저 발생했다. '유능한 영업 담당자가 있었으면 이렇지 않았을 텐데', '공장 직원들의 커뮤케이션 능력만 좀 나아지면 문제가 쉽게 해결될 텐데' 같은 생각이 들면서 직원들의 안 좋은 점만 눈에 들어왔다. 그녀는 심신이 모두 한계에 다다른 상태였다.

그렇게 또 5개월이 지난 어느 날, A는 B의 호출을 받았다. 평소

B를 멘토처럼 여기며 진심 어린 조언을 받는 사이였으나 이번에는 왠지 불길한 예감이 들었다.

"그동안 수고했어요. 덕분에 프로젝트 업무나 정보의 체계도 잘 정리된 듯합니다. 다만 요즘 체력적으로 좀 힘들어 보여요. 초조해 보이기도 하고. 그런 상태로는 직원들과 커뮤니케이션하기도 어려울 테니 일단 자리에서 내려와 재충전을 하는 게 좋겠어요."

A는 곧바로 항변했다.

"왜 제가 내려가야 합니까? 저는 정말 열심히 하는데 직원들은 도무지 스스로 하는 게 없어요. 커뮤니케이션하는 방법조차 몰라요. 그게 문제입니다. 과감한 조직 개편이 필요하다고 봅니다. 얼마 전 타 가전 업체의 조직 개편 기사를 읽고 깨달은 바가 있습니다. 이와 관련해서 프레젠테이션을 하게 해 주십시오."

B는 잠시 고민하는 기색을 보이다 조용히 입을 뗐다.

"나는 조직을 관리하고 재정비해 달라고 말하지 않았습니다. 한 방향을 향해 함께 가는 조직을 만들어 달라고 했죠. A씨가 평소 조직 이론에 해박하고 관심도 많다는 것 알고 있습니다. 조직에 대한 생각도 논리적이고 명확하고요. 하지만 세상은 이론대로만 전개되지 않는 법이에요. 이번에 현장에서 배운 점을 곰곰이 돌이켜 보고 조직을 만든다는 것이 무엇인지 차분히 생각해 봤으면 합니다."

A는 여전히 납득할 수 없었다. 그러나 스스로도 체력적·정신

적으로 한계를 느끼던 차라 상사의 결정을 받아들이고 프로젝트 기획 직원으로 내려와 자료 작성과 스케줄 관리 업무를 담당하게 되었다.

매장 출점까지 약 10개월이 남았다. B는 프로젝트 전면에 나서 팀을 진두지휘했다. B 옆에는 C(29세)라는 여성 직원이 있었다. A의 옆 팀에 소속된 후배로 붙임성이 좋아 A를 비롯해 팀원 누구와도 스스럼없이 대화를 나누곤 했다. A처럼 전문지식이 많거나 특별히 유능한 인재는 아니지만 해야 할 과제나 번거로운 문제가 생기면 묵묵히 임무를 수행하는 사람이었다. 그런 C가 B를 보좌하고 프로젝트를 추진하는 기획부 일원으로 참여하게 된 것이다. C는 B가 일정상 참가하지 못하는 회의에도 모두 참석해 논의 내용을 전부 기록했다.

놀랍게도 C가 프로젝트에 참여한 뒤부터 현장에 뚜렷한 변화가 생겼다. 지금까지 회의를 열었다 하면 미간을 찌푸리며 침묵으로 일관하거나 불평불만을 터트리던 직원들이 이제는 "이런 방식으로 하면 해결할 수 있습니다.", "대안은 이쪽이 좋겠습니다. 우리 쪽에서 고객과 조율하겠습니다." 등 구체적인 의견을 내며 건설적인 대화가 오가기 시작한 것이다. C는 자연스럽게 사람들 사이에 스며들어 각 부서 담당자들이 마음속에 담고 있던 생각과 각 부서가 가진 강점을 끌어내는 대화를 하고 있었다.

자사 제품에 강한 애정을 가진 C는 성능과 기술력에 늘 감탄사를 연발했다. 그런 그녀가 프로젝트 팀원들을 경외하듯 바라보는 건 당연했다. 팀원이 별 뜻 없이 말하는 사소한 아이디어조차 진심으로 공감하고 감동하면서 그것을 실현시킬 방법을 열심히 고민하곤 했다. 팀원들은 C의 진정성 있는 모습에 마음을 열었던 것이다.

어떤 문제가 발생하면 C는 즉시 현장을 찾았다. "필요하다면 B 집행위원님께 의견을 전달할 테니 상황을 들려주세요."라고 말하며 공청회에 참석했다. C와 현장 관계자들이 허심탄회하게 대화를 나누는 동안 자연스레 그 자리에서 문제가 해결되는 경우도 있었다.

"저는 관리자도 아니고 A씨처럼 해박하지도 않아요. 회사에서 저는 지극히 평범한 일개 사원일 뿐이죠. 다만 이 팀은 한 분 한 분 모두 훌륭하기 때문에 여러분이 가진 능력을 최대한 끌어내서 어떤 형태로 만들면 참 멋지겠다는 생각을 늘 합니다."

C는 웃으며 이렇게 말하곤 했다. 팀원들도 그녀의 진심에 이끌려 이상적이라고 생각하는 목적에 대해 가감 없이 의견을 교환했다. 서로 목표나 우선순위가 어긋나기도 했지만 고객이 원하는 것에 포커스를 맞추니 목표 설정이 단번에 해결되었다. 그러자 '저 부서에는 이런 기술과 노하우가 있으니 그걸 활용해서 고객 만족도를 높여 보자'라는 생산적인 방식을 각 부서 직원들이 함께 논의하면서 부서 전체의 목적이 한 방향으로 향하게 되었다.

생각해 보면 C는 직원들과 부서 간의 뻣뻣한 관계를 부드럽게 풀어 주는 윤활유 같은 존재였다. 세부적인 강론에 빠져 목적을 잃고 각자 주장을 내세우는 상황에서 그녀의 웃는 얼굴과 진심 어린 말에 팀원들이 고객을 만족시킨다는 본래의 목적을 상기하는 효과도 무시할 수 없었다.

목적이 확실히 공유되고 팀원들이 안정적인 팀워크를 발휘하게 되자 프로젝트는 순풍에 돛을 단 듯 일사천리로 진행되기 시작했다. A가 만든 프로세스와 규율, 분석 기법, 자료와 정보 공유 체계도 순조롭게 활용되었다. "예전에 A씨가 제안했던 방식을 사용하면 작업을 더 효율적으로 진행할 수 있습니다."고 말하는 팀원도 있었다. 체계적인 틀을 만들고 구체적인 방법을 고안했던 A의 능력을 인정하는 팀원들이 점차 늘어났다. 그 결과 프로젝트 안에서 A와 직원들이 다시금 생산적인 협력 관계를 구축할 수 있었다.

개점 당일, 매장이 무사히 오픈했다. 출점을 자축하는 회식 자리에 프로젝트 팀원 모두가 참석했다. A는 자신이 리더일 때 심하게 다퉜던 팀원과도 스스럼없이 즐겁게 대화를 나누었다. 많은 팀원이 그녀가 제안한 업무 체계 덕분에 일이 효율적으로 진행되었다고 입을 모아 칭찬했다. 그 자리에 모인 팀원들은 신제품과 새로운 매장을 여는 데 공헌했다는 성취감을 공유하는 하나의 팀이 되어 있었다.

'나는 C와 무엇이 달랐을까?'

A는 곰곰이 생각했다. C는 관리자도, 프로젝트 리더도 아니었다. 직책만 보면 B를 보좌하는 기획부 직원에 불과했다. 하지만 결과만 놓고 보면 가장 탁월한 매니저였음은 의심할 여지가 없다. 두 사람의 차이는 무엇이었을까?

"한 방향으로 함께 가는 조직을 만들 수 있을 거라 믿어요."

A는 B가 자신을 처음 리더로 발탁하면서 했던 말 속에서 실마리를 찾을 수 있었다.

• • •

권한과 책임, 무엇이 앞서는가

살아 움직이는 인간들이 모인 조직 앞에서 조직 이론, 방법론, 직함 등이 무력화되는 일들이 종종 발생하곤 한다. 조직 이론에 해박하고 관리자라는 번듯한 직함을 가진 A는 프로젝트를 성공적으로 이끄는 데 실패했다. 반면 직함도 없고 조직 이론에 문외한이나 다름없는 C는 자연스럽게 팀을 이끄는 매니저의 임무를 완수했다. 이론적으로는 불가능해 보이는 일이 현장에서는 자주 일어난다.

매니저는 기업에서 하나의 단순한 직함으로 자리 잡은 지 오래다. 그러나 매니지먼트란 본래 '기능'의 뜻을 담고 있다. 매니지먼트 기능과 역할을 하는 사람이 매니저라는 뜻이다. 드러커는《매니지먼트》에서 이렇게 말했다.

> 매니저를 구분 짓는 기준은 명령하는 권한이 아니라 공헌하는 책임에 있다.

아무리 대단한 직함이라도 조직과 사람을 활용해 성과를 올릴 능력이 없는 사람은 매니저 자격이 없다. 누가 진정한 매니저인가를 가려내는 기준은 책임 의식, 공헌, 성과로 판단하는 것이지 권한이나 지위가 아니다. 권한이 있으면서 책임 의식도 높은 사람이 가장 좋겠지만 두 가지 능력을 다 가진 이상적인 매니저는 손에 꼽을 만큼 드물다. 두 가지를 가질 수 없다면 권한보다 책임이 먼저다. 스스로 조직의 성과에 공헌하고자 하는 책임 의식이야말로 이상적인 매니저가 지녀야 할 기본 자질이다.

드러커의 말대로 매니저의 본질은 권한이 아니라 책임이다. 드러커의 이 가르침 덕분에 나는 사업 현장이나 컨설팅 현장에서 명함에 적힌 직함에 현혹되지 않고 '이 팀에서 진정한 매니저가 누구인가'라는 시각으로 조직을 바라볼 수 있게 되었다. 고학력과 고스펙의 유능한 인재들이 모인 조직이라도 진정한 매니저가 없으면 조직은 삐걱거리기 마련이다. 내가 매니저 역할을 할 때도 '나는 진정 매니저로서 자질을 갖추었는가'라고 늘 자문하곤 했다.

나는 현장에서 C와 같은 사람을 많이 만났다. 그들은 권한이나 직함을 믿고 행동하지 않는다. 그들은 조직이 목표로 하는 성과를 올리기 위해 자발적으로 움직이고 직원의 강점을 이끌어 내 성과를 만들어 간다. 권한이랄 것도 없는 신참 직원이든 일선에서 물러난 고참 직원이든 조직이 성과를 올리는 데 공헌하고 책임을 진다면 그들은 모두 탁월한 매니저다.

조직이 될 것인가, 군중으로 남을 것인가

현대사회는 조직 사회다. 근무 방식을 비롯해 조직 형태나 근무 형태는 갈수록 다양해지는 추세이지만 그래도 사람이 어떤 성과를 내려면 조직의 힘이 뒷받침되어야 한다. 맨땅에서 사업을 시작하는 사람을 제외하고 조직은 입사한 회사, 배치된 부서, 사업 현장에 이미 존재하고 있다. 그래서 많은 사람이 눈앞의 조직을 어떻게 정비하고 관리할지 해법을 찾는 데만 몰두한다. 그런데 그노력만으로는 기대하는 성과를 올리기 어렵다.

조직의 존재 여부와 상관없이 매니저에게 필요한 자질은 스스로 조직을 만든다는 태도다. 요컨대 성과를 내기 위해 구성원들이 그들의 능력을 남김없이 발휘하도록 조직을 창조 혹은 재창조한다는 마음가짐 말이다. 조직을 만들기 위해 가장 먼저 할 일은 눈에 보이는 제도, 문서 등을 논리적으로 정비하는 것이 아니다. 우선 구성원들이 목적을 공유하고 긴밀히 커뮤니케이션하면서 협동하는 조직으로 만들기 위한 토대를 다지는 것이 중요하다.

나는 강의에서 '만원 지하철에서 위급 환자가 생기면?'이라는 비유를 사용해 조직과 군중의 차이를 설명하곤 한다. 만원 지하철에서 만난 사람들은 특정한 목적을 공유하지 않는 군중(단순히 한 공간에 모인 사람들)이다. 그런데 만약 지하철 안에서 한 노인이 쓰러졌다면? 서로 모르는 사람들이지만 생명을 구해야 한다는 공통의 목적이 생긴다. 그리고 혼자 힘만으로는 부족하므로 지하철에 탄 사람들과 힘을 모으는 협동심이 생긴다. 이 과정에서 누가 역장에게 연락하고, 누가 노인의 짐을 챙길지 등등 의견을 나누는 커뮤니케이션이 발생한다.

이처럼 군중이 조직이 되려면 다음의 세 가지 요소를 갖춰야 한다.

1. 공통의 목적
2. 협력 의사
3. 커뮤니케이션

사옥도, 회사명도, 직원도 없어도 된다. 위의 세 가지가 갖추어지면 그 순간만큼은 군중이 아니라 조직이 된다.

그렇다면 실제 직장은 어떨까? 공통의 목적, 동료와 협동하고자 하는 의사, 커뮤니케이션 능력을 모두 갖추었을까? 앞 사례처럼 같은 프로젝트 팀원들, 혹은 같은 부서 옆자리 동료들이라도 공통의 목적을 공유하지 않고, 부서 간이나 부서 내에서 협동하고자 하는 의식이 희박하며, 진심을 전하는 커뮤니케이션이 부족하다면? 내가 강의에서 만원 지하철 비유를 하는 이유는 조직이 자기들도 모르는 사이 군중화될 위험을 경고하기 위해서다.

가까이 앉아서 함께 업무를 본다고 다 조직이 아니다. 매니저는 조직을 이루는 세 가지 요소를 늘 염두에 두면서 직원들을 '군중'이 아닌 '조직의 일원'으로 만들어야 한다. A가 논리적으로 정리한 자료나 규율, 제도를 앞세워 조직을 정비하려 노력했지만 직원들이 기대에 부응하지 못한 이유는 간단하다. 조직의 세 가지 요소를 갖추지 않았기 때문이다. 눈에 보이는 체계를 도입하기 전에 매니저가 직원들의 감정, 생각, 목적을 기탄없이 전하는 커뮤니케이션의 장을 만들었다면 결과는 달라졌을 것이다.

드러커가 말하는 조직의 원칙론도 목적, 협동, 커뮤니케이션을 강조한다. 이 원칙을 망각하면 아무리 최첨단 기법과 분석 기법을 도입하고 논리적으로 완벽한 프로세스와 자료를 준비한다 해도 이상적인 조직을 만들 수 없다. 안타깝게도 수많은 매니저가 이 점을 간과한다. A와 C는 다소 극단적인 사례지만 두 사람의 차이는 세 가지 요소를 갖추었는지 여부에 있다. 현명한 리더인

B는 필시 매니저로서 지녀야 할 자질과 두 사람의 본질적인 차이는 인식하고 있었을 것이다. 그가 조직의 재정비와 관리가 아니라 '직원들이 한 방향으로 움직이며 협력하는 토대'를 만들어 달라고 강조한 이유다.

드러커는 저서 《경영의 실제》에서 다음과 같이 말했다.

> 어떤 기업이든 성과를 올리기 위해서는 기업의 각 구성원이 서로 다른 분야에서 일하면서도 공동의 목표를 달성하기 위해 공헌해야 한다. 그들의 노력은 같은 방향으로 모여야 하고 그들의 공헌은 공통의 목표를 달성하는 데 도움이 되어야 한다. 구성원들 사이에 견해 차이나 마찰이 없어야 하고 불필요한 노력이 중복되는 일도 없어야 한다. 그러므로 기업이 성과를 올리기 위해서는 각각의 직무가 기업 전체의 목표와 부합되어야 한다.

드러커는 강조한다. 각각의 직원이 개성을 발휘하면서 각자 맡은 바 업무를 통해 기업 전체의 목적에 부합하는 성과를 창출하는 것이 매니저의 임무라고 말이다. 조직을 이끄는 중에 방향을 잃거나 회의에서 의견이 수렴되지 않을 때 나는 그가 알려 준 매니저 본연의 임무를 다시 떠올리곤 한다.

강점을 끌어모으는 '자석'이 되는 조직

조직은 어떤 경우에 조직으로서의 힘을 발휘할까? 그동안 이 물음에 대한 답을 탐색해 왔는데 드러커의 1989년 저서 《새로운 현실》에서 힌트를 얻었다. '매니지먼트는 사람에 대한 행위이며, 사람이 서로 협동해 성과를 올리게 하고 그 과정에서 사람의 강점을 살리고 약점은 무의미하게 만든다'는 설명이 큰 깨달음을 준 것이다.

그렇다. 구성원이 협동해서 성과를 올리는 것이야말로 조직의 존재 이유다. 매니지먼트는 그것을 실현하는 힘이다. 그렇다면 구체적으로 어떻게 실현해야 할까? 조직 구성원들이 각자가 지닌 강점을 살리고 다른 구성원과 협동해 시너지 효과를 냄으로써 약점을 무력하게 만든다. 이런 상태야말로 조직의 힘이 최대한 발휘된 상태라고 볼 수 있다. 참고로 여기서 말하는 강점이란 지식이나 기능보다 사람이 지닌 특유의 자질을 가리킨다.

예를 들면 A라는 사람이 제품 관련 정보를 설명하는 데는 능숙하지만 마케팅적 사고방식이나 발상은 약하다. 그가 업무를 하는 데 약점이 걸림돌로 작용해 성과를 올리기 어렵다고 해 보자. 이때 B라는 직원이 새로 투입되었다. B는 반대로 A의 약점인 부분에 능력이 있다. 각각 혼자 일할 때는 제약이자 문제였던 점이 팀을 구성해 함께 일하게 되면 부족한 부분이 보완된다. 게다가 두

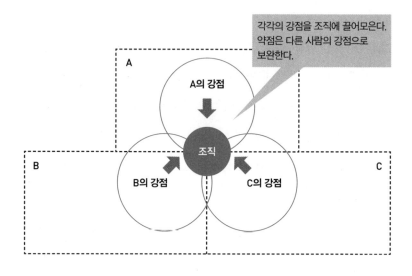

사람이 가진 강점이 시너지 효과를 발휘해 혼자서는 엄두도 내지
못했던 일에 멋지게 성공하기도 한다.

이 장의 사례에서 등장했던 C가 무의식적으로 실천했던 것은
조직이 가진 힘을 높이는 원칙이었다. 팀원들 간에 윤활유 역할을
하면서 직원의 강점을 이끌어 내고 협동심과 창의력을 유도했다.
아울러 목적을 함께 공유하며 각 부서나 구성원들이 가진 강점과
자질을 드러내고 그것을 통합해 나갔다.

매니저의 자리에 있다 보면 자기도 모르게 사람의 약점이나 결
점에 눈이 가기 마련이다. 그러다 보면 약점을 수정하고 개선하는

데 에너지를 쏟는다. A는 강점보다 약점을 의식한 나머지 조직이 가진 힘을 끌어내지 못했다. 하지만 약점보다 강점에 집중하는 편이 개인에게도 그리고 조직에도 생산적이다. 팀원들의 사기를 높일 수 있고 업무가 일정 궤도에 오르면 관리하지 않아도 팀이 저절로 움직인다. C는 스스로 힘을 발휘해 성과를 올리는 조직을 만드는 데 기여한 최고의 매니저였던 것이다.

비단 사내 인력에 국한된 얘기가 아니다. 퍼실리테이터나 컨설턴트도 이 원칙에 부합하는 공헌을 한다면 매니저의 역할을 완수한다고 할 수 있다. 이 원칙 없이는 아무리 정밀한 이론이나 시스템을 도입한들 조직력을 강화하는 동력은 나오지 않는다.

강점의 주춧돌 위에 성과의 탑을 쌓아라

"누군가가 고용되는 이유는 약점이 아니라 강점 때문이다."

앞서도 인용한 바 있는 드러커의 유명한 말이다. 얼핏 당연한 말처럼 들리지만 사실 현실에서는 그렇지 않다. 대다수 기업이 인재를 채용할 때 그 사람의 강점을 보고 뽑지만 정작 입사 후에는 약점을 보완하는 데 에너지를 쓰는 까닭이다. 어떻게 강점을 더 활용할지를 생각하기보다 어떻게 약점을 개선할지에 집중한다. 회사에서 강점을 어떻게 살리고 있는지를 물으면 "제가 가진 강점이요? 입사하고 나서 그런 생각을 해 본 적이 없습니다."라고 답하는 사람도 많다. 한마디로 사람들의 강점을 파악하고 그것을 업무에 발휘한다는 의식 자체가 조직 내부에 희박하다는 얘기다.

약점을 보완하고 개선하겠다는 전략은 경제 호황기 시절이나 고정된 목표나 수준이 정해진 군대에서나 유효하다. 간혹 업종에 따라 처음부터 리스크 관리가 최우선이라고 여기는 분야도 있을 것이다. 목적, 목표, 기대 수준을 어느 정도 인지한 상태에서 약점이나 문제점을 철저히 제거하면 목표를 달성할 가능성이 커지기 때문이다.

그러나 오늘날은 사업 환경이 빠른 속도로 변하는 시대다. 변화하는 환경 속에서 고객의 니즈도 다양해졌다. 이런 시기에 독창적인 아이디어로 고객에게 어필하는 상품 및 서비스를 세상에 내놓으려면 사람의 강점과 약점 중 어느 쪽에 주목해야 할까? 두말할 나위 없이 강점이다. 모든 종류의 혁신은 사람이 가지는 감성, 지식, 경험과 같은 강점에서 비롯된다.

강점 위에 구축하라.

이것이 드러커가 주장하는 매니지먼트 이론의 기본 전제다. 그의 매니지먼트 이론은 인간의 강점을 최대한 살려 창조적인 성과로 연결시키는 것을 목표로 삼는다. 앞서 사례에서 C가 팀에서 목표를 달성하고자 할 때 자연스럽게 취한 행동은 무엇이었나? 바로 팀원들이 본래 가진 강점과 역량을 끌어내는 것이었다. 궁지에 몰릴수록 진정한 매니저는 강점을 이끌어 내는 데 초점을 맞춰 말하고 행동한다. 약점을 개선하고 문제를 해결하는 것만으로는 목표에 도달할 수 없음을 아는 까닭이다.

개인의 강점을 살리면 왜 조직 생산성이 높아질까? 두 가지 이유가 있다. 첫 번째는 직원들이 조직에 공헌하려는 의욕이 높아짐에 따라 목표 수준도 같이 높아지기 때문이다. 드러커는《프로페셔널의 조건》에서 이렇게 말했다.

> 강점에 초점을 맞춘다는 것은 성과를 요구한다는 의미다. 내가 무엇을, 어떻게 공헌해야 하는지 스스로 묻지 않으면 내가 실제로 공헌할 수 있는 것보다 훨씬 낮은 수준에 만족해 버리기 마련이다.

인간의 본성에 대한 날카로운 통찰이 담긴 구절이다. 약점보다 강점이 주목받으면 사람은 조직에 공헌하고자 하는 열망이 커지고 기대치를 넘어서는 능력을 발휘할 가능성이 커진다. 반면 강점보다 약점이 주목받으면 사람은 자신이 발휘할 능력치를 낮게 설정하고 업무 수준도 그에 맞게 낮춰 버린다. 이는 본인과 조직 모두에게 엄청난 손실이 아닐 수 없다.

내가 긍정심리학 코칭 자격증을 취득하려고 관련 공부를 할 때 어느 교수가 이런 얘기를 들려준 적이 있다.

"항해를 하던 중 배 밑바닥에 흠집이 있었다고 칩시다. 기일까지 목적지에 사람과 물건을 운반한다는 본래의 임무에 방해가 된다면 복구해야겠죠. 그러나 약점이란 목표 달성에 치명적인 상처가 된다고 판단했을 때만 치료하는 것입니다. 그 외의 상처는 넘깁니다. 문제나 결점을 완전히 복구할 시간도, 여유도 부족할뿐더러 그 일에 매달려 봤자 크게 달라질 게 없으니까요. 약점을 열심히 보완한들 플러스-마이너스-제로, 즉 문제가 없는 제로 상태가 될 뿐 플러스가 되시는 못합니다. 인재의 강점을 살려 새로운 가치를 만들어야 플러스가 됩니다."

드러커의 가르침과 일맥상통하는 이야기다.

두 번째는 팀원들끼리 서로 존경하고 존중하게 되어 업무 생산성이 높아지기 때문이다. 동료를 약점이나 문제가 있는 무능한 존재가 아니라 자신에게 없는 강점을 가진, 그래서 시너지 효과를 통해 성과를 올리고 조직에 공헌하는 존재로 인식하게 된다. 조직 내부에 서로를 존중하는 문화가 뿌리내리면 협동력이 더욱 강해지는 선순환이 생긴다.

부하 직원의 약점이나 결점을 다른 직원들에게 뒷담화하듯 떠들어대는 매니저가 있다. 이런 사람은 매니저로서 실격이다. 공개적으로 상대의 약점을 지적하는 행동도 마찬가지다. 나 역시 예전에 여러 사람 앞에서 부하 직원을 심하게 혼낸 적이 있다. 지금

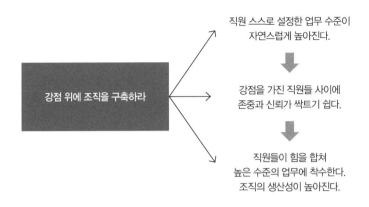

◈ **강점 위에 조직을 구축하라**

강점 위에 조직을 구축하라 →

직원 스스로 설정한 업무 수준이
자연스럽게 높아진다.

↓

강점을 가진 직원들 사이에
존중과 신뢰가 싹트기 쉽다.

↓

직원들이 힘을 합쳐
높은 수준의 업무에 착수한다.
조직의 생산성이 높아진다.

생각하면 해서는 안 되는 부끄러운 행동이었다. 매니저의 인성에 대해 이야기하자는 것이 아니다. 직원의 강점보다 약점을 내세우면 해당 직원은 조직 내에서 평판이 낮아지고 그 결과 자신이 가진 강점을 발휘하기 어려운 상황으로 내몰리게 된다. 이는 직원의 강점을 살려 조직의 생산성을 높여야 할 매니저가 직원의 약점에 주목해 조직에 해를 끼치는 일임을 기억해야 한다.

드러커 경영대학원에서 회계학을 가르치는 마수드 교수는 프로젝트 조원을 짤 때 이런 당부를 했다.

"조원들과 사적으로 친해질 필요는 없습니다. 드러커 경영대학원 교수들도 개인적으로 친한 사람이 있고 그렇지 않은 사람도 있지요. 중요한 것은 존중입니다. 여러분은 반드시 조원들을 존중respect하는 마음을 가져야 합니다. 협력해서 프로젝트를 진행할 때 당장은 힘들더라도 서로 존중하는 마음이 있다면 최고의 아웃풋을 낼 수 있습니다."

당시만 해도 나는 '존중'이라는 말의 정확한 의미를 알지 못했다. 하지만 지금은 상대의 뛰어난 점을 찾아서 인정하고 공동의 목표를 향해 강점을 발휘하도록 돕는 것으로 이해하고 있다.

227쪽의 그림에서 알 수 있듯이 사람의 강점에 기초한 매니지먼트를 하면 팀원들이 스스로 설정한 업무 수준이 높아지고 팀원들 간의 신뢰도도 깊어진다. 높은 수준으로 업무를 수행하고 협업 시너지를 극대화시키는 조직이 되는 것이다. 이러한 조직이 생산성이 높아지는 건 당연한 이치다. 강점을 살리는 매니지먼트, 이것이야말로 성과를 내는 조직 만들기의 기본 원칙이다.

조직 구조는 가장 마지막에 손대라

드러커는 이렇게 말했다.

"조직 구조에 손을 대는 것은 가장 마지막에 할 일이다."

내가 컨설팅 프로젝트로 참여했던 한 대형 가전 회사는 빈번하게 조직 개편을 단행했다. 6개월마다 한 번씩 조직을 바꾸었고 그때마다 기획부에서 작성한 자료도 다시 수정하는 과정을 거쳤다.

조직 개편은 혁신이라는 명목 아래 이루어졌지만 이 업체는 이후 장기적인 침체에서 벗어나지 못했다. 기업은 살아남기 위해 혁신을 외치는데 그 방식을 '하드웨어의 재구성'에만 열중하는 경우가 많다.

조직의 구조를 바꾸는 '외과 수술'에 올인하는 태도는 조직 혁신을 감행할 때 빠지기 쉬운 함정이다. 또한 위기에 몰린 매니저가 가장 선택하기 쉬운 방식이기도 하다. 앞의 사례에 등장하는 A가 대표적이다. 그녀 역시 계획한 대로 일이 풀리지 않아 초조함이 밀려왔을 때 조직 개편의 필요성을 강조하며 위기를 돌파하려 했다. 조직 운영이 순탄치 않으면 조직 구조 개편이나 인력 재배치, 규율 강화 등 눈에 보이는 대상을 바꿔 위기를 극복하려는 것은 일반적인 패턴이다. 이 중에는 효과를 내는 사례도 분명 있지만 조직 개편은 매니저가 가장 먼저 고려해야 할 사항이 아니다.

조직의 형태를 물리적으로 바꾸기 전에 매니저는 먼저 다음과 같은 질문을 던져야 한다.

- 우리 조직의 목적과 전략이 명확한가?
- 구성원들이 목표를 공유하고 그 목표를 납득하는가?
- 구성원들이 서로 이야기를 경청하며 소통하고 있는가?
- 우리 조직은 구성원의 강점을 살리고 있는가?

조직은 사람들이 모여 구성된다. 그러므로 시스템이나 구조와 같은 '형태'가 아니라 조직을 이루는 '인간'에 초점을 맞춰 개혁안을 고민하는 것이 바람직하다. 조직 이론을 공부하며 지식을 쌓는 일도 물론 좋지만 가장 핵심은 조직 안에서 사람들이 자발적으로 일하게 만드는 것이다. 이를 위해 매니저만이 할 수 있는 중대한 과제가 있다. 드러커는 《매니지먼트》에서 이렇게 말했다.

> 매니저는 매니지먼트의 다섯 가지 기본 과제를 수행해야 한다. 첫째, 비전과 목표를 설정한다. 둘째, 목표를 실현하기 위해 인재와 자원, 수단을 조직화한다. 셋째, 조직화된 인재에게 동기를 부여하고 원활한 커뮤니케이션을 도모한다. 넷째, 실행한 내용을 평가한다. 다섯째, 인재를 개발한다.

두 번째에 나오는 '조직화'란 부서에 사람들을 배치하고 역할을 부여하는 행위를 뜻한다. 세 번째는 사람들을 모아 팀을 꾸렸으면 그들과 적극적으로 소통하고 동기를 부여해 주어야 함을 말한다. 네 번째는 그동안 실행한 내용을 정기적으로 평가하는 것이다. 무엇이 잘 되고 무엇이 실패했는지 팀원들과 함께 체크하고 평가함으로써 개인의 성장을 격려하고 조직이 지향하는 바를 재인식한다. 마지막은 인재 육성인데 드러커는 부하 직원 육성만이 아니라 매니저 자신의 성장에도 시간과 돈을 투자해야 한다고 강조했다.

다섯 가지 과제 중 전제가 되는 요소는 바로 첫 번째다. 비전과 목표 설정 없이는 어떤 조직도 만들어질 수 없다. 생각해 보면 다섯 가지 과제의 내용 자체는 대단히 진부하다. 조직 구성을 이야기할 때 누구나 한 번쯤은 들어 봤을 정도로 말이다. 그렇지만 이 다섯 가지를 완벽하게 수행해 내겠다고 자신 있게 말할 매니저가 과연 얼마나 될지는 의문이다. 훌륭한 조직을 만들고 싶은가? 그렇다면 진부해 보이는 이 다섯 가지 과제를 제대로 수행하라. 진지하게 임한다면 그만큼 시간도 에너지도 많이 드는 법이다.

열정적인 '핫 그룹'이 조직에 미치는 영향

나는 드러커 경영대학원에서 진 립먼블루먼Jean Lipman-Blumen 교수에게 리더십론과 조직론을 배웠다. 그의 강의를 들으면서 단순한 관리 역할이 아닌 기업가적·창조적 역할을 하는 매니지먼트에 대해 깊이 고민할 수 있었다. 대부분의 리더가 '매니지먼트는 관리, 리더십은 창조'라고 인식하곤 한다. 매니지먼트와 리더십을 대립 개념으로 보는 관점인데 이는 잘못된 생각이다. 급변하는 시대에 현장에서 고군분투하는 매니저가 '이건 내 능력 밖이니 상부에 맡기자' 식의 대응을 하게 만드는 대표적 오인이다.

현대사회에서 매니지먼트의 중요한 기능 중 하나가 바로 리더십이다. 새로운 과제에 맞부딪혀도 신속하고 과감한 의사결정으로 조직이 가야 할 방향을 제시하는 역할 말이다. 조직론은 창조적인 매니지먼트를 구현하기 위해 필요한 방법이다. 따라서 리더십론과 조직론은 사람과 조직을 활용해 창조적인 성과를 내는 매니지먼트 역할 속에 상호 연결된 개념으로 봐야 한다.

립먼블루먼은 지미 카터 전 미국 대통령의 조언자로도 유명한 리더십론의 권위자다. 그는 20년 전부터 지시하는 형태의 권위주의 리더십에 종말을 고하고 '통합'이라는 가치 아래 타인의 생각을 경청하고 중재하며 협의하는 일명 '커넥티브 리더십'connective leadership이 부상할 것이라 예견했다. 권위적인 리더십이 주류였던 시절부터 새로운 리더십을 주장했던 립먼블루먼의 선견지명이 참 대단하다. 나는 졸업 후 15년이 지난 지금까지도 그와 자주 연락하며 인연을 이어 오고 있는데 그와 대화를 나눌 때마다 리더십에 대한 새로운 깨달음을 얻는다.

언젠가 그가 강의에서 '핫 그룹'hot groups이라는 주제를 다룬 적이 있다. 핫 그룹은 숭고한 사명과 열정을 공유한 수평적 구조의 소규모 조직을 만들어 목표를 향해 매진하고 목표를 달성하면 곧바로 해산하는(혹은 형태를 바꾸는) 식으로 생산성을 극대화하는 메커니즘을 설명하는 이론이다. 립먼블루먼은 국가 차원의 리더십에도 일가견이 있었으나 핫 그룹처럼 벤처 기업이나 신규 사업 및 프로젝트에서 활용되는 조직론에 대해서도 깊은 분석과 통찰을 보였다.

핫 그룹은 칙센트미하이가 제창한 몰입 이론과 유사한 개념으로 다음과 같은 특징을 가진다.

- 성과·목표 지상주의를 추구한다.
- 열정과 공헌이 원동력이 된다.
- 직원들의 능력이 집중된다.
- 업무 진행 속도가 매우 빠르다.
- 소규모이며 단기간 동안만 조직을 이룬다.

말하자면 핫 그룹은 몰입 상태에 놓인 조직인 셈이다. 정신적인 설렘과 깊은 몰입을 공유하는 팀원들이 놀라운 성과를 만들어 낸다. 리더 한 명이 지시하고 명령해서 따르는 게 아니라 목적과 사명감을 공유하고 목표를 향해 깊이 집중하고 몰두해 신속히 업무를 진행해 나간다.

'어떻게 그렇게 빨리 목표를 달성할 수 있었지? 지금 생각해도 신기하다.'

지금까지 일하면서 이렇게 생각했던 적이 누구나 한두 번은 있을 것이다. 신사업을 추진하는 프로젝트, 지역 자원봉사, 이벤트 기획 등 형태는 저마다 달라도 특수한 팀에서 자신의 역량을 마음껏 펼치며 스스로 성장했다고 느꼈던 경험 말이다. 그 팀이 바로 당신의 핫 그룹이다.

"어느 시대에서든 역사를 개척한 주인공은 개인도, 기존의 조직
도 아닌 핫 그룹이었다."

럽먼블루먼의 말이다. 돌이켜 보면 역사적인 업적이나 획기적
인 신제품을 어느 한 개인이 혼자 만든 경우는 거의 없다. 수직적
이고 관료화된 조직에서 만든 경우는 더더욱 없다. 다양한 분야에
속한 사람들이 조직에서 뛰쳐나와 깊이 몰두하고 협력한 끝에 세
상을 놀라게 하는 결과물을 탄생시킨 경우가 대부분이다.

공식적인 소직에 속하지 않은 사람들이 근무 외 시간에 자발적
으로 모여 창조적인 성과를 내는 사례도 많다. 기관이나 위원회처
럼 체계적으로 구성된 조직들은 인재, 예산, 시간, 도구, 장소, 자
료까지 모든 것이 정비되어 있음에도 성과가 미비한 경우가 부지
기수다. 중요한 한 가지가 결여된 탓이다. 바로 열정이다. 이와 반
대로 핫 그룹은 오직 열정만으로 모인 사람들이 온갖 아이디어를
쏟아 내고 협력해 성과를 이뤄 낸다. 다시 말해 조직이 되기 위한
가장 중요한 요소만 갖출 수 있다면 결과는 알아서 따라온다는
얘기다.

나는 어느 조직에서든 핫 그룹을 키워야 한다고 생각한다. 조직
도나 체제, 프로세스 등을 명문화해도 열정과 목표라는 핵심이 공
유되지 않으면 살아 있는 인간이 모여 이루어진 조직체는 앞으로
나아갈 수 없다. 혁신적인 프로젝트일수록 핫 그룹이 조직 내부에

무수히 생겨나 약동해야 한다. 앞서 사례에 나오는 C는 프로젝트가 난관에 봉착했을 때 핫 그룹의 리더가 되어 자연스럽게 팀원들에게 목표를 상기시키고 열정을 깨우는 역할을 완수했다. 덕분에 그녀를 중심으로 자연스럽게 핫 그룹이 생겨나고 지지부진했던 프로젝트가 다시금 힘차게 움직이기 시작했다.

내가 이전 직장에서 사업개발 책임자로서 일할 당시에도 핫 그룹이 존재했다. 사업개발팀이라는 틀에 갇히지 않고 외부에서 독창적이고 참신한 아이디어를 전해 준 동료들 덕분에 나는 사업개발을 원활하게 진행시킬 수 있었다. 그들이 핫 그룹의 일원으로서 훌륭한 역할을 해 주었던 것이다. 항상 창조성이 요구되는 신규 사업 현장에서는 핫 그룹이 활약할 무대를 적극적으로 마련해 줄 필요가 있다. 에너지와 정보, 아이디어가 활기차게 순환하다 보면 놀라운 혁신이 일어날 가능성도 커진다. 아직 제도나 형태를 완벽하게 정비하지 않은 신규 사업이라면 더더욱 핫 그룹의 효과를 얻을 가능성이 크다.

직원의 발목을 잡는 '규율'이라는 덫

조직이 힘을 발휘하려면 구성원들이 공통의 목표를 공유하는 것이 가장 중요하다. 이때 유의할 점이 하나 있다. 목표는 공유하되 조직원 각자의 근무 방식이나 아이디어 발상은 가능한 한 자발성에 맡겨야 한다는 사실이다. 회사에서 정한 규율이 아닌 스스로 정한 규율에 따라야 생산성이 향상된다.

드러커는 '목표와 자기 규율에 따른 매니지먼트'management by objectives and self control야말로 매니지먼트의 이상적인 모습이자 철학이라고 강조했다. 매니저는 조직의 규율이 아니라 공통의 목표를 이용해 직원들을 움직여야 한다는 뜻이다. 다만 목표를 공유하고 팀원들이 자유롭게 하고 싶은 일을 하는 상황만으로는 부족하다. 조직이 진정한 힘을 발휘하려면 성과를 내기 위해 무엇이 필요한지, 무엇을 버려야 하는지, 무엇을 활용해야 하는지 등을 스스로 결정하고 실천해 나가야 한다. 직원들이 생산성 향상을 위한 방법을 자발적으로 찾는 행위, 즉 자기 규율에 따라 움직이는 조직일수록 성공할 확률이 높다.

안타깝게도 이익이 감소하거나 사업이 잘 안 풀리면 곧바로 정해진 규율을 들이대며 조직을 관리하려 드는 것이 대다수 기업의 실정이다. 여러분도 경제 불황과 같은 외부적 상황이나 실적 저조 등의 내부적 문제가 나타나면 곧바로 회사 규율이 엄격해지는 경험을 한 적이 있을 것이다. 나는 여기서 규율 무용론을 말하려는 것이 아니다. 유효한 규율도 물론 있다. 그러나 일반적으로 규칙이나 제도를 도입하고 적용하는 일은 경제적·시간적·심리적으로 상당한 비용이 든다. 무턱대고 규칙을 도입해도 규칙을 조직에 안

착시키는 데 드는 비용을 넘어서는 성과를 거두기 어렵다. 최악의 경우, 비용은 비용대로 쓰면서 강제성이 지나쳐 자발성이 저해되고 만다. '규칙대로만 하면 되지'라고 생각하는 직원들이 늘어날수록 조직은 경직되고 생산성은 떨어지기 마련이다.

앞선 사례에서 등장하는 A도 정도의 차이가 있을뿐 문제가 생기면 조직을 관리·재정비해서 해결해 나가면 된다는 마인드를 가지고 있었다. 그러나 조직 문제를 해결하는 진정한 처방은 관리나 규칙의 강화로 생기지 않는다. 팀원들이 공통의 목표를 공유하고 그 목표를 향해 가기 위해 해야 할 일과 해서는 안 되는 일이 무엇인지 스스로 규율을 만들어 나가야 한다. 그것이야말로 창조적인 조직의 조건이다.

현장에서 매니저는 직원을 규칙으로 얼마나 '통제해야 할지'를 고민한다. 그러나 고민하는 대상이 틀렸다. 팀원들이 목적을 공유해서 각자 자기 규율을 가지고 '움직이게' 만들려면 어떻게 해야 하는지를 고민해야 한다.

회사의 경영 상태나 직원들의 업무 숙련도에 따라 규칙의 끈을 꽉 조이거나 반대로 느슨하게 풀 수도 있다. 그러나 모든 조직에서 가장 효과적이고 효율적이며 생산적인 매니지먼트는 목적과 자기 규율에 의한 것임을 매니저는 항상 명심해야 한다.

손을 들어 명확한 목적지를 가리켜라

조직 혁신이란 무엇일까? 나는 흩어지고 옅어진 목적을 다시 상기하고 통합해 가는 프로세스라고 생각한다. 조직 혁신에는 다양한 프로세스 이론과 커뮤니케이션 기법이 존재한다. 사실 이론이나 방식 자체는 이미 대단히 잘 정리되어 있다.

그러나 조직 혁신을 제대로 실행하려면 이론보다도 사업의 목적을 명확히 하고 목적에 어떻게 공헌할지를 먼저 고민해야 한다. 조직이 커지거나 업무가 복잡해지기 시작하면 이러한 부분을 놓치기 쉬운데, 이를 다시 확인하고 통합하는 과정이 반드시 필요하다. 사례에서 이상적인 매니저로 소개된 C는 은연중에 이를 실행했다. 팀원들에게 프로젝트의 목적을 다시 한번 일깨우고 그 목적을 향해 행동하도록 만들었다. 개별적인 대책이나 방법론에 의존한 A와는 달랐다.

리처드 엘스워스Richard Ellsworth 교수는 드러커 경영대학원에서 내게 깊은 감동과 지적 자극을 주었다. 하버드대학교에서 강의를 하다가 드러커 경영대학원으로 옮겨 온 그는 지성미 넘치는 말투와 따뜻한 상냥함이 인상적인 사람이었다. 엘스워스 교수의 강의명은 '전략 도입 주도론'Leading the Implementation of Strategy으로, 단순히 전략을 짜는 것만이 아니라 전략을 조직에 뿌리내리게 만들고 사람들의 마음을 한데 모아 실천해 나가는 사고를 배우는 강의였다.

그 강의에서 사용된 교재가 엘스워스 교수의 《목적을 갖고 리드하라》Leading with Purpose다. 문자 그대로 '목적을 가지고 조직을 이끄는' 일의 중요성과 그 방법론을 해설한 책이다. 학생들은 이 책을 가지고 다양한 관점에서 토론했다. 전략을 조직 내에서 제대로 실천하려면 사업의 목적, 즉 사회, 고객, 직원에 대해 어떤 공헌을 할 수 있을지가 명확해야 한다. 흔히 MBA에서는 전략 수립 자체에 매몰되는 경향이 강한데 이 수업에서는 '우리의 사업은 무엇인가'를 돌이켜 보고 사업에 이를 활용하는 방법을 배울 수 있었다.

엘스워스 교수의 수업은 나에게 깊은 깨달음과 발견을 선사했다. 조직의 목적과 개인의 사명감, 가치관, 열정, 강점이 하나로 연결된다고 느끼면 인간은 스스로 문제를 해결하고 대안을 실천한다. 이것이야말로 드러커가 강조한 '목적과 자기 규율에 따른 매니지먼트'다. 결국 매니저가 해야 할 일은 조직의 목적과 개인의 사명감 그리고 가치관을 하나의 흐름으로 연결시키는 것이다.

엘스워스 교수에 따르면 인간은 본래 세상에 선한 영향력을 행사하고 싶어 하는 존재다. 따라서 인간이 품고 있는 선한 목적에 공헌하려는 의욕을 북돋워 인재들을 움직인다면 전략은 자연스럽게 잘 실행되어 창조적인 성과로 이어질 것이다.

조직 혁신을 한다면서 방법론이나 프로세스 이론에 치중하지 말자. 그보다는 가장 먼저 직원이 스스로 일할 수 있는 목적을 재확인하도록 만들자. '우리의 사업은 무엇인가?', '우리의 사업은 누구를 위한 것인가?'처럼 알기 쉬운 질문으로 목적을 확인하자. 흩어지고 옅어진 목적을 다시 공유하면 직원들은 스스로 혁신의 담당자로 거듭난다.

'불렛 잡'을 원하는 사람은 없다

동기부여를 통해 부하 직원이 자발적으로 일하게 하려면 어떻게 해야 하는가? 매니저들의 중요한 고민거리 중 하나다. 시중에는 직원의 동기부여를 높이는 이런저런 방법들이 넘쳐난다. 기업에서 코칭이나 커뮤니케이션 연수를 적극적으로 주최하는 이유도 직원의 동기부여와 자발성을 높이기 위해서다.

동기부여에 대한 드러커의 생각은 지극히 단순하다.

"부하 직원의 업무 생산성을 높이는 것이 동기부여를 높이는 최고의 방법이다."

사람들의 성격과 가치관은 천차만별이다. 이토록 다양한 사람들에게 맞춤형 동기부여 방법을 일일이 적용하기란 결코 쉽지 않다. 그런데 드러커는 쉬운 방법을 제안했다. 지금 부하 직원이 하는 일이 생산적인지 확인하는 것이다. 만약 그렇지 않다면 생산성을 높일 수 있는 방향으로 이끌어 준다. 그러면 직원의 동기부여는 저절로 된다.

생산적인 일이란 무엇일까? 고객이 원하는 가치를 창출하는 일이다. 생산적인 일을 하면 날마다 고객이 기뻐하는 것을 느끼며 자신이 조직의 실적에 공헌하고 있다는 실감이 든다. 이런 일을 하는 사람은 보람이 넘치고 회사에 주인의식을 갖게 되고 상사나 동료와 협력하며 더욱 성장하고 싶다고 느낀다.

그렇다면 생산적이지 않은 일이란 무엇일까? 시간과 노력을 들였음에도 주변에서 가치를 인정해 주지 않고 목적이 애매한 일이다. 요즘에는 '불쉿 잡'bullshit job이라고 해서 '쓸모없고 무의미한 업무'를 일컫는 신조어가 생기기도 했는데 생산적이지 않은 일이 여기에 해당한다. 직원이 생산적이지 않은 일을 계속하는 경우, 개인이 가진 마인드 문제도 있을 테지만 대부분은 업무를 설계하고 할당하는 단계에서 매니저의 세심한 고려가 결여된 탓이 더 크다.

탁월한 매니저는 업무를 배당할 때 여러 번 심사숙고를 거친다. 직원들 각자의 강점을 파악한 뒤 그에 맞춰 업무를 부여하고 업무를 통해 성과를 올리도록 설계한다. 직원들의 수준을 가늠해 보고 당사자가 느끼기에 다소 어렵지만 노력하면 달성 가능하며 달성했을 때 성장과 성과로 이어질 만한 일이 무엇인지 따져 보고 업무를 배당한다.

드러커는 '동기부여 향상에 관한 이런저런 기법에 휘둘리지 말라'고 조언했다. 그리고 '부하 직원이 하는 일을 생산적으로 만든다'라는 기본 명제로 돌아갈 것을 강조했다. 가치 있는 목적을 공유하고 고객의 니즈를 충족시켜 제품이나 서비스 구입으로 이어지는 일을 하면 동기부여는 자연히 높아진다. 마케팅, 영업, 서비스처럼 고객과 대면하는 부서에만 국한된 얘기가 아니다. 경리, 재무, 경영, 기획, 인사 등 지원 부서도 마찬가지다.

어느 부서에 속해 있든 직원들은 직간접적으로 고객을 기쁘게 하는 프로세스에 직접 참여하기를 바란다. 자신의 일이 고객이 원하는 가치를 창출한다는 사실을 깨달으면 동기부여는 저절로 따라온다. 직원들의 동기부여 향상법을 찾아 헤맬 시간에 자신이 직원들의 일을 생산적으로 설계하고 있는지 자문해 보자. 생산적인 일을 설계하고 할당하는 것이야말로 매니저가 부하 직원에게 할 수 있는 최고의 동기부여이자 지원책이다.

불을 끄는 조직인가, 방관하는 조직인가

비자이 사테Vijay Sathe 교수의 '재활성화'Revitalization 수업은 드러커 경영대학원의 인기 강의 중 하나다. 재활성화란 조직에 다시 활력을 불어넣는 일을 뜻한다. 이 수업에서는 조직을 재활성화시키기 위해 매니저가 현장에서 어떻게 생각하고 행동해야 하는지를 철저히 매니저의 시점에서 배운다. 사테 교수는 실제 사례들을 활용해 학생들이 활발한 토론을 하면서 스스로 답을 찾도록 이끌었다.

언젠가 사테 교수는 조직문화에 대해 다룬 적이 있다. 요즘은 조직문화라는 말이 낯설지 않지만 막상 조직문화의 뜻을 물으면 명확하게 답하는 사람은 별로 없다. 사테 교수는 조직문화를 '지배 논리'Dominant Logic라고 한마디로 정의했다. 즉 조직 내부를 지배하는 사고방식과 행동양식이다. 예를 들어 매출 실적이 떨어지면 '원인을 파악해서 다시 도전해 봅시다'라고 긍정적으로 반응하는 조직이 있는가 하면 '저 부서(상사)에 이런 문제가 있어서 매출이 떨어진 것이다'라고 부정적으로 반응하는 조직도 있다. 이처럼 조직 내부에는 결과에 대한 직원들의 반응을 유발하는 혹은 결과 그 자체를 유발하는 조직 특유의 논리가 있다. 같은 조직이라도 직원 개인마다 생각은 다르지만 조직 전체적으로 또 암묵적으로 공유되는 사고방식과 그에 따른 행동양식이 분명히 존재한다. 이것이 바로 조직문화다. 흔히 사내 분위기, 사내 공기처럼 눈에 보이지 않는 추상적인 환경을 '문화'라고 생각하는데 문화란 논리적으로 설명할 수 있어야 한다. 문화가 무엇인지 객관적으로 인식할 수 있어야 조직문화를 바꾸는 혁신 작업도 가능하다.

그렇다면 조직문화는 어떻게 바꿀 수 있을까? 사테 교수는 먼저 구성원들과 깊이 있는 대화를 통해 바람직하지 않은 조직문화

◆ 조직 특유의 지배 논리를 보여 주는 조직문화

"이 결과를 초래한 원인은 무엇인가?"

결과

논리·가치관

현상에 대한 반응

"이 현상은 어떻게 파악하고 어떤 대책을 세워야 하는가?"

같은 현상에 대해 조직마다 반응이 다르다. 그 근거가 되는 논리가 바로 조직 특유의 지배 논리다.

가 만들어진 원인을 찾아 제거해야 한다고 말했다. 그런데 아주 오래전부터 자리를 지켜 온 직원이 많은 조직일수록 근본이 되는 원인을 제거하기가 만만치 않다. 땅속 깊숙이 박힌 굵고 단단한 뿌리를 없애기 힘든 것처럼 말이다. 이를 제대로 뽑아내려면 성급하게 논의를 진행하기보다 진솔한 대화가 필요하다. 뿌리를 놓치지 말고 단단히 붙잡으면서 대화를 지속해 나가자. 문화를 바꾼다는 것은 새로운 목적 아래서 그동안 조직을 지배하던 낡은 사고방식과 행동양식의 뿌리를 바꾸는 일이다.

사테 교수는 나무 그림을 그려 조직문화가 형성되는 배경을 알기 쉽게 설명했다(245쪽 그림 참조). 조직 내부에 오랫동안 점진적으로 누적된 암묵적 전제가 조직 특유의 신념과 가치를 낳고 그

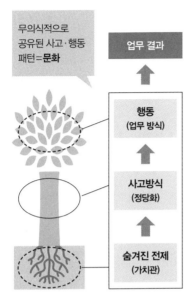

◆ 조직문화가 자리 잡는 배경

무의식적으로
공유된 사고·행동
패턴=**문화**

업무 결과
- 이익 저하, 매출 감소, 비용 증대, 납기 지연,
- 실수 횟수·근무 시간·직원 스트레스 증가

행동
(업무 방식)
- 고객의 가치를 충족시키지 못하는 제안
- 상사와 부하, 부서 간의 의사소통 부족
- 프로세스나 인원의 낭비

사고방식
(정당화)
- '새로운 아이디어가 떠오르지 않는다.'
- '지적받을 것 같아 두렵다.'
- '일거리만 늘어날까 봐 겁난다.'

숨겨진 전제
(가치관)
- '일에서 보람은 기대하지 않는다.'
- '회사와 나는 별개다.'
- '실수만 안 하면 승진할 수 있다.'

가치관이 행동으로 이어져 실적 등 업무 결과에 영향을 준다. 뿌리에 해당하는 근본적인 신념이나 가치가 시대 흐름, 시장 환경, 사업 목적에 부합한다면 긍정적인 성과를 낳는다. 그러나 반대라면 뿌리에 메스를 들이대야 한다.

조직문화를 바꿀지 여부는 철저히 성과로 판단한다. 사업 목적과 동떨어진 개혁은 자칫 조직 구성원의 인성에 대한 평가로 빠질 위험이 있다. 조직문화를 바꾸는 이유는 간단하다. 사업 성과를 높이기 위해서다. 업무상 발생하는 구체적인 문제를 명확하게 정의하고 대화를 통해 근본 원인을 탐색해 나가다 보면 문제를 일으킨 행동, 행동을 일으킨 가치관, 더 나아가 그 가치관의 바탕이 되는 숨겨진 전제라는 깊은 뿌리까지 도달하게 된다. 시간은 걸리지만 땅속에 깊이 박혀 있는 뿌리를 바꿀 수 있다면 조직은 분명히 성장한다.

엘스워스 교수의 강의가 최고 경영진의 시점에서 목적과 사명에 따라 조직을 경영해야 한다는 사실을 알려 주었다면 사테 교수의 강의는 현장 사람들의 시점에서 그들의 사고방식, 행동양식, 가치관을 만들어 내는 조직문화에 대해 알려 주었다. 두 강의를 동시에 수강하면서 각각의 명제가 궁극적으로 서로 맞닿는 느낌이 들었다. 요컨대 사업의 목적과 직원들의 업무, 사고방식과 행동양식이 일치하면 조직이 성공한다는 얘기다. "두 강의의 결론이 이렇게 연결되는구나." 하고 동료들과 감탄했던 기억이 난다.

업무 만족도를 파악하는 세 가지 기준

지금까지 조직이 성과를 거두기 위한 매니지먼트 원칙을 살펴보았다. 아울러 동기부여나 조직문화 등 그간 강의를 하면서 많은 분에게 질문을 받았던 주제도 설명했다.

'어떤 목적과 사명을 가지고, 어떤 사업을 하기를 원하는가?'

'그 목적을 달성하기 위해 직원들의 자질과 강점을 어떻게 끌어내야 하는가?'

'직원들이 자율적·자발적으로 생각하고 논의하고 협력하는 문화를 어떻게 만들 수 있는가?'

조직 이론과 세부적인 방법론에 주목하기보다는 우선 위와 같은 질문에 대한 답을 진지하게 고민해 보기 바란다.

내가 컨설팅 현장이나 직원연수를 가면 늘 하는 질문이 있다. "지금까지 일하는 보람을 느꼈던 조직이 있었나요? 있다면 보람을 느낀 이유는 무엇이었습니까?"

일하는 보람을 느낀 조직의 모습을 떠올리면 매니지먼트의 대원칙을 깨닫게 된다. 학교, 지역 커뮤니티, 직장 등 조직의 형태와 상관없이 우리가 일의 보람을 느꼈다면 그 근거는 다음의 세 가지로 요약된다.

1. 구성원들이 전체 목적과 세부 목표를 공유한다.
2. 개개인의 강점, 역할, 공헌을 인식하고 있다.
3. 팀 내 커뮤니케이션과 협력이 원활하다.

조직이 성과를 내고자 한다면 근본적인 목적과 목적 달성을 위한 세부적인 목표를 공유하는 것으로 끝내선 안 된다. 개개인이 자신의 강점을 발휘해 주어진 역할을 하고 조직에 공헌하고 있다

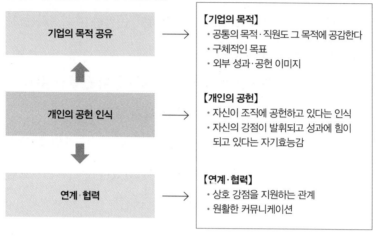

◈ 매니지먼트의 성공 요건

일하는 보람이 높은 조직이 되기 위한 조건

기업의 목적 공유 ⟶ **【기업의 목적】**
• 공통의 목적·직원도 그 목적에 공감한다
• 구체적인 목표
• 외부 성과·공헌 이미지

↑

개인의 공헌 인식 ⟶ **【개인의 공헌】**
• 자신이 조직에 공헌하고 있다는 인식
• 자신의 강점이 발휘되고 성과에 힘이 되고 있다는 자기효능감

↓

연계·협력 ⟶ **【연계·협력】**
• 상호 강점을 지원하는 관계
• 원활한 커뮤니케이션

고 확실히 인식하도록 해야 한다. 매니저는 이 부분을 특히 놓치고 지나치기 쉽다. 그러나 개인의 목표와 조직의 목표를 확실히 연결시킬 수 있을 때 조직의 목표가 곧 개인이 추구하고자 하는 목표가 된다는 것을 기억해야 한다.

세 번째 팀 내 원활한 커뮤니케이션과 협력 관계는 단순히 대화나 협업이 많아야 한다는 의미가 아니다. 구글의 연구로 널리 알려진 '심리적 안전성'psychological safety(타인의 반응을 두려워하지 않고 있는 그대로 자신을 드러낼 수 있는 관계성)을 뜻한다. '어떤 사안에 대해 가감 없이 의견을 교환하고 솔직한 생각을 상대에게 전달할 수

있다', '아이가 갑자기 아프면 주저 없이 연차를 낼 수 있다', '업무
상 곤란한 일이 생기면 동료들과 상담할 수 있다' 등의 항목에 대
답해 보라. 당신이 위 항목에 모두 '예'라고 대답했다면 당신은 심
리적 안전성이 높은 직장에 다닌다고 할 수 있다.

　세 가지 관점에서 자신의 조직을 체크하고 부족한 점을 개선하
는 것만으로도 조직 생산성과 구성원의 보람은 크게 달라진다.

'성실함의 결여'를 경계하라

드러커는 《매니지먼트》에서 '성실함이야말로 매니저에게 가장
중요한 자질'이라고 말했다. 매니저의 역할에 대해 깊이 생각해
보면 그의 말을 이해할 수 있다.

　매니저는 사람이라는 특수한 자원과 함께 일한다. 사람과 함께
일하는 자에게는 특별한 자질이 요구된다. 사람을 관리하는 능력,
즉 상사의 역할이나 면접 기술은 배울 수 있다. 관리 체제, 승진
제도, 보수와 장려 제도를 통해 인재 개발에 유효한 방책을 강구
할 수도 있다. 그러나 그것만으로는 충분치 않다. 근본적인 자질
이 필요하다. 바로 '성실함'이다.

　성실함은 드러커의 매니지먼트 이론에서 근간을 이루는 주제
다. 성실함 없이는 조직도 없다고 단언하는 그는 "성실함을 정의

하기는 어렵다."고 말하면서도 성실함이 부족하다고 판단되는, 다시 말해 매니저로서 실격 사유에 해당하는 기준을 구체적으로 서술했다. 이 구절을 읽다 보면 우리 조직 내에 실제로 있는 누군가가 그대로 떠오를 만큼 현실적이다.

'성실함'을 정의하기는 어렵다. 그러나 매니저로서 실격 기준인 '성실함의 결여'를 정의하는 것은 어렵지 않다.

1. 강점보다도 약점에 눈이 가는 사람. 할 수 있는 일이 무엇인지 보려고 하지 않는 사람은 조직의 정신을 해친다.
2. '무엇이 바른가'보다 '누가 바른가'에 관심을 두는 사람. 일보다도 사람을 중시하는 것은 일종의 타락이다. 이는 결국 조직 전체를 위험하게 한다.
3. 성실함보다 영리함을 중시하는 사람. 이런 사람은 미숙한 인간이라 할 수 있는데 그러한 미숙함은 보통 고쳐지지 않는다.
4. 부하 직원에게 위협을 느끼는 사람. 이런 사람은 매우 나약한 인간으로 리더의 자격이 전혀 없다.
5. 자기 일에 높은 기준을 설정하지 않는 사람. 이런 사람을 매니저로 삼게 되면 매니지먼트와 일에 대한 모멸감이 팽배해질 것이다.

지식도 별로 없고 일하는 태도도 시원찮으며 판단력이나 행동력이 결여되어 있더라도 매니저로서 부족하지 않은 사람이 있다. 그런가 하면 지식이 풍부하고 총명하며 일을 잘 처리하더라도 성실함이 부족하여 조직을 파괴시키는 사람도 있다. 이러한 이들은 특히 조직의 가장 중요한 자원인 인적 자원에 해를 끼친다. 조직의 정신을 손상시키고 업적을 저하시키는 이런 이들을 특히 경계해야 한다.

성실함을 정의하기 어렵다고 많은 매니저가 말한다. 머리로만 생각한다면 그럴지도 모르겠다. 하지만 주변을 둘러보면 성실하고 신뢰할 수 있다고 느끼는 사람이 한두 명쯤은 있을 것이다. 아무리 머리가 좋아도 성실함을 느끼지 못하는 사람도 있다. 성실함이란 우리가 그 말을 들었을 때 떠오르는 인상과 크게 다르지 않다. 더불어 자신이 성실한 사람인지 스스로 돌아보는 일도 잊지 말아야 한다.

일을 넘어 삶의 의미를 부여하는 경영

드러커는 "리더의 가장 기본적인 조건은 팔로어가 있는 것이다."라고 말했다. 번듯한 직위가 아닌 신뢰하고 지지하는 사람(팔로어)이 있어야 리더라는 얘기다. 그렇다면 신뢰란 무엇일까?《피터 드러커의 미래기업》에서 드러커는 신뢰를 이렇게 설명했다.

리더를 신뢰하기 위해 그를 좋아할 필요는 없다. 그에게 동의할 필요 또한 없다. 신뢰는 리더의 말이 진심이라고 확신하는 것이다. '진정성'이라고 불리는 진부한 어떤 것에 대한 믿음이다.

리더를 좋아하거나 사이좋게 지낸다고 해서 그것이 신뢰의 조건이 되진 않는다. 제1장에서도 설명한 바와 같이 리더가 자신의 진심과 의도를 자기 언어로 제대로 전달하면 상대는 '이 사람은 믿을 만한 사람이다'라고 신뢰할 수 있게 된다. 비록 리더의 의견에 동의하진 않는다고 해도 말이다. 용기를 가지고 솔직하게 자기 생각을 전할 줄 아는 사람은 주변 사람들의 신뢰를 받는다. 이는 매니저에게 필요한 자질인 성실함과도 연관이 있다.

자세하고 방대한 자료를 인용하고 매끄러운 형식으로 전달했다고 끝이 아니다. 지속적으로 열정과 목적을 자기 언어로 전달하는 것이 중요하다. 그러다 보면 상호 간 목적이 합치되어 간다. 처음부터 완벽하게 일치하지 않아도 괜찮다. 100퍼센트 의견 일치를 목표로 하면 기대치가 높아서 부담감만 커질 뿐이다. 조금씩 의견 차이를 좁힌다고 생각하고 꾸준히 대화를 나누면서 접점을 찾아가자. 이 과정의 주체는 언제나 '인간'이다. 리더십을 발휘해 조직을 성장시키는 것도 결국 인간이 하는 일임을 잊어서는 안 된다.

립먼블루먼 교수는 "리더십이란 함께 일하는 사람들에게 삶의 의미를 일깨워 주는 것이다."라고 말했다. 함께 일하는 사람들이 문제, 약점, 제약에 매몰되는 것이 아니라 목적, 보람, 행복을 맛보게 하는 것이야말로 리더십의 본질이다.

앞서 사례의 C가 발휘한 리더십도 이것이었다. 지시하고 명령할 권한이나 관리자라는 직함은 없었지만 그런 건 중요하지 않았다. 그녀는 업무의 목적과 사명을 구성원들에게 다시 일깨워 주었고 그들은 업무를 통해서 삶의 의미를 찾아냈다.

조직의 매니지먼트 원칙을 알면 누구나 리더십을 발휘할 수 있다. 지금도 현장에는 C처럼 이름 없는 리더들이 무수히 활약 중이다. 그들 덕분에 관성에 빠진 조직이 놀라운 퍼포먼스를 발휘하는 조직으로 거듭난다. 인간이 가진 무한한 가능성을 끌어내는 방법은 어렵지 않다. 단순한 원칙을 뚝심 있게 실천해 나가는 것, 이것이야말로 조직이 성공하는 열쇠다.

제7장

디지털 시대, 커뮤니케이션의 원칙

기술은 조직의
'구원자'가 될 수 없다

MBA 과정에서 IT 관련 수업은 필수 과목 중 하나다. 내가 드러커 경영대학원에 들어갔던 2002~2004년은 특히 IT 분야가 눈부신 발전을 거듭한 시기였는데 당시엔 사회 전체적으로 IT에 대한 기대감이 매우 높아지고 있던 상황이었다. 드러커 경영대학원이 소속된 클레어몬트 대학교에서도 IT 관련 강좌가 상당수 개설되어 실리콘밸리 기업의 경영 간부나 성공한 스타트업 CEO가 강연을 하러 오는 일도 종종 있었다. 그야말로 미국 전체가 IT라는 엄청난 기회의 물결을 타고 들썩이던 시대였다.

그러나 이러한 분위기와는 반대로 IT 기술에 과도한 스포트라이트가 쏟아지는 현상을 경계한 사람이 있었다. 드러커 경영대학원에서 '커뮤니케이션과 네트워킹'Communications & Networking을 가르쳤던 사미르 채터지Samir Chatterjee 교수로, 그는 소프트웨어 설계 및 네트워크 이론가로서 유수의 상을 받은 자타공인 IT 분야의 권위자였다. 그는 수업 중 드러커 말을 인용하며 다음과 같은 질문을 던지곤 했다.

"이 정보시스템 인프라와 이 기업의 성장 전략은 어떤 연관이 있는가?"

"이 정보시스템은 매니지먼트 관점에서 유효성이 있는가?"

"이 정보시스템을 효과적으로 활용하려면 매니저는 어떤 점에 유의해야 하는가?"

아무리 고성능 정보시스템이라도 매니지먼트나 전략의 관점에서 평가하고 활용하지 않으면 무용지물에 불과하다. 기술이 아무리 눈부시게 발전해도 매니지먼트의 주체는 기술이 아닌 인간이기 때문이다. IT 도구를 활용해도 인간만이 가진 자질과 능력이 발휘되지 않는 사업은 결코 고객의 지지를 받지 못한다.

이런 이유로 기업이 정보시스템을 도입할 때는 신중을 기해야 한다. 분위기에 편승해 섣불리 도입했다가 기대되는 효과는 고사하고 막대한 손실을 입을 위험이 있다. 채터지 교수는 IT 전문가로서 매니지먼트 시점에서 IT 도구를 조직의 목적에 부합하도록 활용하는 방법론을 가르쳤다.

정보시스템은 배우면 배울수록 매니지먼트라는 주제와 밀접하게 연관되어 있음을 깨닫게 된다. 정보시스템은 기업을 이끌어 가는 데 필수 자원인 정보를 다루는 도구이자 조직 내부 커뮤니케이션에도 지대한 영향을 주기 때문이다. 널리 알려지진 않았으나 드러커의 여러 저서에도 정보시스템과 커뮤니케이션의 본질을 언급한 부분이 많다.

그는 기술과 기술자의 중요성을 인정하면서도 매니지먼트 관점에서 이를 검증할 필요성이 있다고 주장했다. 이 책에서 서술한 바와 같이 매니지먼트란 사업의 사명과 고객가치를 정의하고 목표를 향해 구성원들이 자율적으로 협동하면서 성과를 올리기 위한 방법론이다. 정보시스템은 이러한 매니지먼트를 보다 효과적으로 만들어 주는 도구라고 할 수 있다. 따라서 매니저는 정보시스템을 활용해 고객 만족도와 직원들의 생산성을 높이고 싶다는 마인드를 가지고 이를 구성원들과 공유할 필요가 있다.

아울러 이러한 정보시스템을 활용하기 전에 조직 내부에 건전한 커뮤니케이션이 이루어질 수 있는 환경이 갖추어져 있는지도 확인해야 한다. 심리적 안전성이 높은 환경에서 원활하게 커뮤니케이션할 수 있는 환경이 갖춰지지 않았다면 정보시스템을 도입해도 기대만큼 효과를 얻기 힘들다. 사내에서 정보 공유 시스템을 도입해도 성과가 저조하다면 '우리 조직은 상호 커뮤니케이션하는 목적과 의사를 공유하고 있는가?'를 자문해 봐야 한다. 동료에게 자신의 고객정보를 알리고 싶지 않다며 영업지원 시스템에 관련 정보를 제공하지 않는 조직이 전형적인 예다. 반대로 이런 시스템이 갖춰져 있지 않아도 평소 활발하게 커뮤니케이션하는 조직은 정보시스템 도입으로 커뮤니케이션의 양과 질, 속도가 한층 향상되어 업무 생산성이 높아진다. 이것은 내가 정보시스템 도입 사례나 컨설팅에 참여하면서 다양한 사례를 경험한 후 내린 결론이다.

이번 장에서는 조직을 성장시키는 정보시스템은 무엇인지, 매니저는 정보시스템과 커뮤니케이션이라는 과제에 어떤 태도로 임해야 하는지에 대해 살펴보도록 하겠다. 매니지먼트를 담당하는 사람이라면 누구나 중요하게 여길 커뮤니케이션에 대해 드러커는 실천적인 조언을 남겼는데 이에 대해서는 이번 장 말미에 자세히 설명하도록 하겠다.

CASE　**41억 규모 시스템의 개발을 막은 한마디 말**

45년 역사를 자랑하는 유통도매 기업 D사. 직원 수 1,600명의 견실한 중견 상장 기업이다. 창업 이래 식자재 도매와 직판 등을 통해 순조롭게 실적을 늘려 왔다. 그러다 2000년 이후 인터넷이 보급되면서 식품 관련 온라인 판매 사이트들이 급증해 D사의 매출,

총이익률, 영업이익률이 덩달아 감소하기 시작했다. 특히 최근 3년간 나타난 이익률 저하는 심각한 상황이었다.

사장 A(47세)는 창업주의 조카다. 대형 은행 영업직으로 경력을 쌓은 뒤 35세의 나이에 D사에 입사했다. 특유의 영업 실력을 인정받아 파격적으로 43세에 사장에 취임했으나 최근 지속적인 실적 악화로 깊은 고민에 빠졌다.

"앞으로 소매유통업이 살아남으려면 정보화 사회를 장악해야 한다."

그는 기회가 있을 때마다 임직원에게 이렇게 강조했다. 업계를 둘러싼 기술 환경의 급격한 변화를 누구보다도 실감했던 그는 우수한 정보시스템을 신속하게 구축하는 것이야말로 앞으로 사업 성패를 좌우한다고 확신했다.

그렇게 D사는 A의 지시로 2014년 4월, 개발 예산 약 31억 원을 들여 정보시스템 쇄신 프로젝트를 가동했다. 개발 기간은 1년 반. 업무 관련 시스템과 웹사이트를 비롯해 마케팅 및 고객 관리 시스템, 영업정보 관리 시스템을 모조리 바꾸는 대형 프로젝트였다. 독립성이 강한 물류 및 재고 관리 시스템은 제외되었으나 기업 전체에 걸친 대규모 시스템 개발 프로젝트인 셈이었다.

사장의 지시에 따라 조속히 시스템을 기획하고 개발하는 프로젝트팀이 편성됐다. 정보시스템 개발, 경영 관리, 사업 부문의 핵심 인력 열다섯 명으로 이루어진 팀이었다. 정보시스템 개발팀 매니저인 입사 15년 차 B가 이 프로젝트팀의 리더로 발탁되었다. 총책임자는 정보시스템 개발팀의 팀장 C가 맡았다.

"속도가 생명이니 개발비는 신경쓰지 말고 필요한 기능을 찾아내 시스템에 반영하세요."

사장 A는 팀원들을 보면 입버릇처럼 말했다. 팀은 정보의뢰서Request for Information, RFI와 제안의뢰서Request for Proposal, RFP를 작성한 뒤 시스템 개발 업체를 선정하는 작업에 착수했다. 복수의 정보시스템 회사가 제안서를 제출했고 치열한 경쟁 이후 대기업 시스템 개발 회사인 I사가 선정되었다. 상당한 비용을 감수하면서도 대기업 I사를 선택한 이유는 지금까지 다수의 업무 관련 시스템을 담당한 경험과 높은 실적, 재무 안정성이었다. 시스템 개발 후에도 지속적인 유지보수가 필요하다는 점을 감안하면 정보시스템 회사의 재무 안정성은 중요한 선정 기준이었다. 해당 업체가 개발한 업무 관리 패키지 시스템의 기능들을 고스란히 활용할 수 있으리라는 기대감도 컸다. 기존의 패키지 기능을 적용한다면 개발에 들어가는 시간과 비용이 큰 폭으로 줄어들 터였다.

I사가 제출한 제안서에는 '최첨단 시대를 향한 산업 정보시스템', '디지털 변환 가속화', 'IT 경영 혁신'과 같은 그럴듯한 전문용어가 가득했다. A는 현란한 문구에 마음이 동했는지 본인도 이런 용어를 자주 사용하기 시작했다.

7월에서 10월까지 3개월 동안 I사의 시스템 엔지니어와 컨설턴트 세 명을 추가로 투입한 프로젝트팀은 업무 요건과 시스템 기본 기능 요건을 정리해 나갔다. 워낙 프로젝트 범위가 광범위해 의견 통합이 녹록지 않았다. 프로젝트 리더 B는 그동안 부분적인 업무 시스템 개발을 맡아왔다. 그는 이번 기회를 통해 전사적으로 시스템 요건을 일괄 정리하는 것이 얼마나 어려운 일인지를 뼈저리게 깨달았다. 우선 요건을 정의하는 기준 자체가 부서별로 제각각이었다. 사장이 직접 챙기는 프로젝트라고는 하지만 검토 회의마다 출석할 수는 없는 노릇이었다. 사장도 "시스템 자체에 대한 내용은 전문가에게 일임하겠다."고 말한 상황이었다. 이런 와중에 각각의 요건에 대해 의견을 수렴하고 하나의 결론을 내는 과정은 여간 힘든 게 아니었다.

이를테면 마케팅팀과 영업팀이 요청하는 고객관계관리Customer Relationship Management, CRM 기능은 무척이나 복잡했지만 정작 패키지 기능에는 포함되지 않았다. 더욱이 기존 업무에서 입력하던 정보 전체를 하나도 빠짐없이 새로운 시스템에 포함해야 한다는 주장이 시스템 요건을 정리하는 업무를 더욱 어렵게 만들고 있었다. 웹사이트나 온라인 판매 사이트 기능에 대해서도 '경쟁사가 이용하는 기능은 무조건 전부 집어넣어야 한다'는 전제를 깔면서 요청이 산더미처럼 쌓여만 갔다.

영업팀이 요구하는 영업정보 관리 시스템 역시 기능 요건이 과다한 탓에 좀처럼 정리가 되지 않았다. 그런데도 영업팀 팀원은

"영업 담당자는 고객정보를 시스템에 입력하기를 꺼리는 게 당연하다. 회사가 그 정보를 갖고 싶다면 우리가 최대한 손쉽게 정보를 입력·집계할 수 있는 기능을 탑재해야 한다."라며 목소리를 높였다. 게다가 영업팀 안에서도 1팀, 2팀마다 다른 시스템과 애플리케이션을 사용하고 있어 이번 기회에 이를 모두 통합해 달라는 요구도 나왔다. 현장 영업 직원들이 프로젝트에 합류한 영업팀 팀원에게 강력하게 요청한 듯했다. 이처럼 부서마다 프로젝트에 참여한 자기 부서 직원들을 통해 수많은 요구를 해오니 중간에 낀 직원은 지친 기색이 역력했다.

경영 관리 업무 시스템의 설계는 더 가관이었다. 일반적으로 관리자 측은 소위 성악설에 근거해 직원을 바라보는 경향이 있다. '이 기능이 조작되는 일이 없도록', '이 정보를 권한 없는 직원이 열람하지 못하도록', '비밀번호 입력 오류가 생겼을 때 강력하게 대처하도록'처럼 관리팀에서 요청한 보안과 통제 기능에서만 이미 그 수가 넘쳐 났다. 아울러 데이터 입력 누락이 생겼을 경우 신속히 독촉 메시지를 현장에 보내게 하는 기능이나 데이터가 미비한 경우 상사에게 즉시 메일이 전달되는 기능도 요구했다. 본래 관리팀와 영업팀은 각자의 입장이 대치되는 측면이 있어 상호 커뮤니케이션이 원활하지 않은 경우가 많다. 이번 기회에 양 부서가 IT를 활용해 갈등의 소지를 사전에 차단하겠다는 의도를 드러냈는데 이 또한 기능이 점점 복잡해지는 결과를 가져왔다.

B는 눈덩이처럼 불어나는 업무 요건들을 검토하면서 회의감이 들기 시작했다. 업무 방식이나 부서 간 커뮤니케이션 방식은 제대로 논의되지 않은 채 당장 눈앞의 업무, 과제, 문제만이 논의 테이블 위에 올라와 갑론을박이 계속되는 상황이었기 때문이다.

'가장 근본적인 문제를 다루지 않고 개별적인 요구를 우선 도입해도 될까?'

B의 고민은 깊어만 갔다. 그러나 프로젝트는 기다려 주지 않았다. 그는 의구심을 품은 채로 엑셀 시트에 각종 요건과 기능을 정리해 나갔다. 대략적인 개발 비용 견적을 발표하는 10월 임원 회의는 한 달 앞으로 다가왔다. 기능 요건을 분류하고 우선순위를 나누는 작업에도 많은 시간을 할애해야 했다. 우선순위를 나누는 데 명확한 기준이 없다는 점도 우려스러웠다. 각 부서에서 혹은 팀원들 중 목소리 큰 사람들의 요구가 우선적으로 받아들여지는 상황이었다.

B는 심신의 피로도가 극에 달했다. 지금까지 어려운 프로젝트를 맡아서 어떻게든 적당 예산 내에서 개발을 끝내 왔던 B였다. 그런 점이 경영진들에게 높게 평가받아 프로젝트 리더로 발탁됐으리라. 그러나 기업 전체에 걸친 정보시스템 개발 프로젝트는 업무 내용과 스트레스 수준이 예전과 비하면 비교할 수 없을 정도로 컸다. 전례 없는 상황에서 아무런 기준 없이 무작정 요구 사항을 검토하고 논의를 이어 나가는 과정을 마주하면서도 그는 "우

리 회사에 정말로 필요한 시스템인가?"라고 직원들에게 끊임없이 질문했다. 그러나 돌아오는 대답은 늘 "지원팀은 잘 모르겠지만 어쨌든 현장에서 강하게 요구하고 있는 사안입니다."로 논의 자체가 중단되곤 했다.

I사에서 스태프로 참여한 베테랑 시스템 엔지니어에게도 여러 번 조언을 구했다. 그러나 그들도 기능의 필요성 여부를 깊게 검토하기보다 "이런 사양이라면 가능합니다", "이 기능을 업그레이드시키면 가능합니다." 식의 반응이 전부였다. 직업 특성상 당연한 접근 방식일지도 모르나 그들은 이미 시스템 개발 자체를 전제로 일을 시작하고 있었다. 시스템이 모든 문제를 해결해 줄 것이라고 믿어 의심치 않는 기술자들 앞에서 B는 더 이상 아무 말도 할 수 없었다. 그 결과 애초 적용하기로 했던 패키지 시스템 기능은 대규모 수정 작업이 불가피해졌다. 개발 예산도 예상을 크게 웃돌아 약 41억 원에 육박했다.

B는 책임자인 C에게 상담을 요청했다. "필요한 기능을 선정하는 기준이나 우선순위를 명확히 정하고 다시 검토해야 하지 않을까요?" 그러나 C의 대답은 냉정했다. "사장님이 예산에 대해 신경쓰지 말라고 하셨으니까 이대로 이사회에 제시해. 부서 간 요구를 조정할 시간도, 그럴 여유도 없어."

B는 하는 수 없이 그대로 10월 임원 회의에서 발표에 나섰다. '매니지먼트 개요'라고 제목 붙인 몇 장의 자료에는 I사가 작성한

시스템 전체 구성도, 신규 업무 체제 조감도, 업무 요건·기능 요건이 일목요연하게 정리되어 있었다. 전체적인 내용은 C가, 개별적인 요건과 예산액에 대해서는 B가 설명했다.

개발 예산은 41억 원으로 늘어났으나 개발 작업은 예정된 기한 내에 이루어진다는 내용이었다. 임원들은 비용이나 기능에 관한 세부적인 질문을 했다. C와 B는 이 같은 결정에 이르게 된 경위를 재차 설명했다. 각 부서에서 요구한 기능과 그 근거를 설명하면 해당 부서의 임원은 "그래, 그건 확실히 필요해."라며 동조했다.

결과적으로 회의 분위기는 B가 발표한 개발 예산으로 프로젝트를 진행해 나가는 쪽으로 흘러갔다. A도 "필요한 기능은 다소 예산이 초과해도 개발해야지."라며 고개를 끄덕였다.

회의가 마무리될 무렵 지금까지 침묵으로 일관하던 경영기획부의 E 이사가 입을 열었다. 반년 전 타사에서 스카우트된 사업개발 전문가인 그는 그동안 IT를 활용한 여러 신사업을 잇달아 성공시킨 실력자였다. IT와 경영 전반에 해박한 지식을 가진 그가 첫마디를 던지자 회의실은 일순 찬물을 끼얹듯 조용해졌다.

"말도 안 됩니다. 이 기획안은 사람들이 하고 싶다는 것들을 마구잡이로 늘어놓은 잡화상식의 보고서에 불과합니다. 이런 건 의사결정이 아니지요."

그는 무겁지만 차분한 어조로 말을 이어갔다.

"지금 우리 회사 상황에서 41억 원이나 되는 시스템을 개발할 여유가 있습니까? 회사가 곤경에 처한 원인은 시스템이 낡아서가 아닙니다. 매니지먼트의 근본 원인을 직시하고 전략을 재고하고 조직의 체질을 바꾸는 게 먼저입니다. 그렇지 않으면 수십 억의 비용과 직원들의 노력은 수포로 돌아갈 겁니다. 이 상태로 시스템을 개발한들 회사는 절대 살아나지 않아요."

IT 전문가가 매니지먼트, 전략, 체질과 같이 시스템 외부에 있는 과제를 강조하는 아이러니한 상황이었다. B는 쥐 죽은 듯 고요해진 회의실에서 혹독하기 그지없는 비판을 들으면서도 왠지 모를 안도감에 힌숨을 내쉬었다.

•••

조직의 위기는 시스템 탓이 아니다

조직은 소규모에서 대규모까지 다양한 정보시스템을 도입한다. 웹사이트 관리, 마케팅, 영업정보 관리, 경영 관리, 재무·회계, 생산 관리, 재고 관리, 일정·사내정보 공유 시스템까지 주제는 천차만별이다.

대개는 시스템을 개발하기에 앞서 시스템 도입 환경을 점검하는 단계를 거친다. 시스템은 일부 부서만이 아니라 기업 전체, 더나아가 고객, 거래처까지 영향을 미치므로 누구의 독단만으로 도입하지는 않는다. 조직 전체를 아우르는 대규모 프로젝트팀이 편성되는 게 일반적이다. 앞에서 말한 사례는 이러한 프로젝트에서 빈번히 발생하는 문제를 다루고 있다. 여러분도 정도의 차이가 있을 뿐 이와 유사한 경험을 한 적이 있을 것이다.

나는 컨설턴트로서나 업무용 소프트웨어 개발 기업의 임원으로서 정보시스템 개발 프로젝트에 다수 참여한 바 있다. 비록 기술자는 아니었지만 고객사의 과제를 정리하고 정보시스템의 필수 요건을 통합하고 이를 경영진에게 제안하면서 깨달은 원칙 하나가 있다. 바로 '경영 리더십의 부재'가 정보시스템 개발을 가로막는 주범이라는 것이다. 여기서 말하는 경영 리더십이란 기업 전체의 매니지먼트 시점에서 비전과 전략을 세우고 이를 토대로 각각의 수단을 검토하고 우선순위를 결정하는 것을 뜻한다.

정보시스템에 국한해서 말한다면 기업의 사명과 전략에 근거해 각 시스템 기능의 필요성, 요건, 우선순위를 정하는 것이 될 것이다. 명색이 기업의 리더라면 필요한 분야는 아낌없이 투자하고 불필요한 분야는 단호하게 제동을 거는 리더십을 가져야 한다. 이러한 리더십이 작동하지 않은 채 시스템 개발 프로젝트가 진행되면 모든 부서의 요구를 무분별하게 받아들여 비용이 속수무책으로 증가하는 한편 목적은 불분명해진다. 결국 어떻게 될까? 프로젝트는 방향을 잃고 표류하기 시작한다. 팀원들의 시간과 에너지 낭비는 덤이다.

위의 사례는 시스템 기술에 문외한인 경영자가 프로젝트에 깊이 관여하지 않고 현장에 업무를 일임하면서 문제가 발생한 경우다. 경영자의 리더십 없이 현장의 목소리만이 힘을 얻게 되면서 예기치 못한 수정 및 변경 작업이 대폭 늘었다. 원래 적용하기로 했던 패키지 기본 기능도 모조리 다시 손봐야 할 지경에 이르렀다. 이런 상황이 지속되면 개발 비용과 작업량이 어마어마하게 늘어나는 것은 당연한 결과다.

사공이 많으면 배가 산으로 간다는 속담이 있다. 사공이 많아도 리더가 나아갈 목적지를 정확히 알려 주면 괜찮다. 그러나 경영 리더십이 결여되어 가야 할 방향을 상실한 프로젝트는 기업에 엄청난 손실을 입힌다. 무작정 부서 간 요구를 수용해 만들어진 시스템은 본질적인 문제를 해결하지 못한 채 '돈 먹는 하마'가 되기 십상이다. 이 문제로 회사 전체가 재정 위기에 휩싸여 회복 불가능한 내상을 입을 위험도 있다.

시스템 개발 현장에서 조직의 '고질병'이 보인다

회사 전체의 매니지먼트와 정보시스템 개발 프로젝트의 매니지먼트는 무척 닮아 있다. 내가 이렇게 생각하는 이유는 세 가지다. 첫째, 회사 전체의 매니지먼트에서 우선하는 기준이 정보시스템 기능의 우선순위에 영향을 미치기 때문이다(반대로 매니지먼트의 기준이나 전략적인 우선순위가 애매한 조직은 시스템 기능이 비대해진다). 둘째, 회사의 체질이나 조직문화가 정보시스템 개발 프로세스에 영향을 미치기 때문이다. 셋째, 탁월한 리더나 매니저가 있는 회사는 시스템 개발 프로젝트의 매니지먼트도 탁월하다(목적과 팀원들의 역할이 명확하며 팀워크가 좋다. 의사결정 기준도 정확하고 속도도 빠르다). 바꿔 말하면 전략상 의사결정이나 조직문화 등 기업 전체의 매니지먼트에 문제가 있는 회사는 정보시스템 개발 프로젝트 현장에서 고스란히 그 문제가 노출된다는 얘기다.

앞서 말한 사례에 등장하는 E 이사는 IT를 활용한 사업을 수없이 성공시켜 오면서 이미 깨달았던 것이다. 매니지먼트의 근본 과제를 해결하지 않으면 아무리 값비싼 시스템을 도입해도 의미가 없다는 사실을 말이다. B가 프로젝트를 추진하면서 가졌던 의구심도 여기서 비롯된 것이었다.

이처럼 정보시스템을 개발·도입하는 프로젝트를 진행하다 보면 조직 전체가 지닌 과제가 수면 위로 떠오른다. 반대로 조직 전체가 지닌 과제를 경영진과 논의하다 보면 정보시스템을 개발·도입하는 프로젝트의 과제가 보일 수도 있다. 정보시스템이란 조직의 신경계에 해당한다. 중추신경에서 핵심 논의를 다루지 않고 말초신경에서 논의된 사안을 차곡차곡 쌓아 가다 보면 정보시스템이라는 신경계는 과부하가 걸려 원활하게 기능하기 어려워진다.

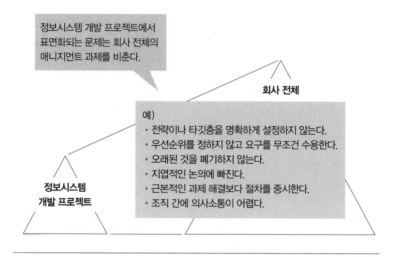

◈ 회사 전체의 매지니먼트와 정보시스템 개발 프로젝트의 관계

정보시스템 개발 프로젝트에서 표면화되는 문제는 회사 전체의 매니지먼트 과제를 비춘다.

회사 전체

예)
• 전략이나 타깃층을 명확하게 설정하지 않는다.
• 우선순위를 정하지 않고 요구를 무조건 수용한다.
• 오래된 것을 폐기하지 않는다.
• 지엽적인 논의에 빠진다.
• 근본적인 과제 해결보다 절차를 중시한다.
• 조직 간에 의사소통이 어렵다.

정보시스템
개발 프로젝트

시스템을 기획하고 제안하는 컨설팅 회사나 정보시스템 개발 회사 측에도 일부 책임이 있다. 자사의 수익성만을 고려해 오로지 문제를 시스템 개발로만 해결하려는 성격이 강한 탓이다. 컨설턴트로서 진정으로 문제를 해결하고 싶다면, 시스템을 개발하기 이전에 존재하는 경영 과제를 분명히 직시하고 시스템 이외의 해결 방안도 제시할 줄 알아야 한다. 설령 그것이 자사의 수익에 반하는 일이라 해도 말이다. 그러려면 시스템을 기획하고 개발하는 측도 매니지먼트 관점을 가질 필요가 있다.

디지털 전환 프로젝트의 다섯 가지 함정

거듭 말하지만 정보시스템은 조직의 신경계다. 개개인이 아무리 좋은 아이디어나 정보를 가지고 있어도 시스템을 통해 조직 내부에 원활하게 공유되지 않으면 실현 가능성은 불투명하다. 게다가 오늘날은 고도의 정보화 사회다. 정보의 속도가 기업의 실적을 좌우한다. 이는 비단 조직 내부에만 해당되지 않는다. 조직 외부에 존재하는 고객이나 거래처와 재빠른 정보 교환이 이루어지지 않으면 시장에서 도태될 가능성이 크다.

정보는 목적을 명확히 규정하고 관리하지 않으면 걷잡을 수 없이 방대해진다. 따라서 정보화 사회에서 살아남으려면 정보를 장악할 줄 알아야 한다. 그렇지 않으면 직원들은 무한한 정보의 바닷속에서 허우적대며 시간만 낭비할 것이다.

이번 장에서 소개한 사례에는 기업 전체를 총괄하는 정보시스템을 개발할 때 빠지기 쉬운 함정이 담겨 있다. 원인은 경영 리더십의 부재인데, 구체적으로 살펴보자면 다음과 같다.

1. 현재의 업무를 전제로 한 시스템을 개발한다

애당초 기존 업무가 비효율적이고 문제가 많아서 새로운 시스템을 만드는 것이다. 그러나 대부분은 문제의 본질을 해결하기 전에 기존 업무에 시스템을 말 그대로 '덮어씌운다'. 그중에는 불필요하고 중복되는 업무도 포함된다. 드러커는 이렇게 말했다.

잘못된 업무를 신속하게 처리하는 것만큼 위험한 일은 없다.

시스템 제안 및 개발 프로젝트에 참여하면서 나는 이 말을 몇 번이나 되새겼다. 업무가 지닌 문제를 철저히 파헤치기 위해 때때로 고객이나 사내 직원들과 난상토론을 벌이기도 했다. 과정은 험난했으나 근본적인 논의를 거치면서 시스템에 진정으로 무엇이 필요한지 알게 되었다.

2. 유행하는 기능, 타사가 사용하는 기능을 우선적으로 개발한다

웹 관련 서비스에서 특히 두드러지는 현상인데 이는 지극히 위험한 발상이다. 담당자가 "이 기능은 반드시 필요합니다. 이건 무조건 넣어야 합니다."라고 주장할수록 더욱 필요성의 근거를 따져 물어야 한다. 사업에 성공하려면 이런저런 기능이 필요하다. 그러나 세상에는 웹사이트 기능은 단순해도 뛰어난 상품성과 사업전략으로 고객들의 지지를 받는 회사가 존재한다. 세부적인 기능을 어떻게 할지보다 고객에게 가치를 인정받고 고객을 만족시킬 수 있는 상품이나 서비스를 고민하는 것이 우선이다.

오늘날 업무 관리 시스템은 고객관계관리 시스템, 영업지원 시스템, 지식·매니지먼트(조직 내 지식·정보 정리) 등으로 다양하게 분류된다. 유행하는 시스템을 곧이곧대로 받아들이기보다 '지금 우리 회사에는 어떤 정보시스템이 왜 필요한가?', '그 시스템은 고객 가치 향상에 어떻게 공헌하는가?'라는 논의가 필수다. 한번은 어느 기업의 이사분이 진지한 얼굴로 "영업지원 시스템을 도입하면 영업 실적이 확실히 올라가겠죠?"라고 묻기에 할 말을 잃었던 적이 있다. 답은 시스템의 목적과 사용법, 리더십 나름이다. 시류에 편승해 현재 유행하는 정보시스템을 도입하는 것만이 능사는 아니다. 시스템을 제대로 활용하려면 어떻게 해야 할까? 우선 매니지먼트를 기반으로 목표를 설정하자. 그 목표가 시스템의 방향과 일치했을 때 비로소 시스템이 효과적으로 사업에 기여할 수 있다.

3. 현장의 의견을 무조건적으로 수용한다

현장의 목소리를 들을 때도 주의가 필요하다. 정보시스템은 데이터가 입력되지 않으면 의미가 없으므로 실무진의 요구를 충분히 반영해야 한다. 그러나 현장에서는 당장 눈앞의 일거리가 늘지 않으면서 익숙한 방식을 고수하려는 경향이 강하다. 이는 경영 리더십 부재로 '어떤 지향점을 가지고 무엇을 바꿀 것인가?', '고객에게 어떠한 가치를 전달하는 시스템인가?'라는 메시지가 명확하지 않아서다.

시스템이 효과를 보려면 리더는 시스템을 도입하는 목적을 명확히 전달하고 그 메시지와 연계해 현장에 필요한 기능과 필요하지 않은 기능을 선별해 나가야 한다.

4. 시스템 기능으로 커뮤니케이션 문제를 해결하려 한다

요즘은 옆자리 동료와 대화 없이 문자나 메시지만으로 업무를 처리하는 조직이 늘어나고 있다. 그런데 이런 조직에 고가의 시스템을 도입해서 커뮤니케이션 방식을 향상시킨다고 과연 효과가 생길까? 생각해 보면 답은 너무나 뻔하다. 문제는 아직도 효과가 있다고 생각하는 조직이 많다는 점이다. 시스템 개발 회사나 컨설턴트의 그럴듯한 말에 현혹된 탓일지도 모르겠다. 단언컨대 현실에서 특정 시스템을 도입한다고 갑자기 커뮤니케이션이 좋아지는 일은 발생하지 않는다. 커뮤니케이션에는 정보 교환 이상의 상호 이해가 수반되어야 하기 때문이다.

매니지먼트 과제를 시스템 도입으로 단번에 해결하겠다는 생각도 대단한 착각이다. 앞의 사례에서도 나왔지만 매니지먼트로서 전략에 집중하고 해야 할 우선순위를 결정하지 못한 상태에서 이를 시스템 개발로 해결하고자 개발비를 무리하게 늘리는 것은 실패로 가는 지름길이다. 마케팅, 영업, 경영 관리, 정보시스템 등 각 부서가 저마다 요구하는 기능을 일방적으로 수용하는 것은 진정한 논의가 아니다. 기업 전체가 해결해야 할 문제의 근본 원인을 함께 탐색하고 해결 방안을 공유한 후에 정보시스템에 대해 검토하는 것, 이것이 올바른 순서다.

5. 콘셉트를 구체화하지 않은 채 개발을 시작한다

'차세대 솔루션', '비즈니스 인텔리전스', '디지털 트랜스포메이션', '경영 혁신' 등 시스템 회사들이 사용하는 겉만 번지르르한 용어에 혹해서 그 자체를 목적으로 삼는 일은 위험하다. 솔루션이라는 말에는 구체적인 '이미지'가 없다. 당연히 사용자에 따라 파악하는 방식도 천차만별이다. 비즈니스 인텔리전스는 기업 내 축적된 데이터를 분석해 의사결정과 전략 수립에 활용하는 활동을 말하는데 사업의 목적이 공유되지 않은 상태에서 방대한 데이터 분석은 오히려 조직 운영의 혼란만 가중시킨다. 지나치게 복잡한 탓에 사용자들에게 외면받는 비즈니스 인텔리전스 시스템을 나는 수없이 목격해 왔다.

따지고 보면 정보시스템 개발 회사의 영업 담당자, 시스템 엔지니어, 개발자 혹은 컨설팅 회사의 컨설턴트는 모두 조직의 외부자다. 이들이 사용하는 추상적인 용어를 구체적으로 검토하지 않고 무작정 시스템을 도입하는 것은 기업에 아무런 득이 되지 않는다.

기업은 정보시스템을 제안하는 측이 어디까지 매니지먼트를 이해하고 있는지, 혹은 어디까지 이해하려고 하는지 살펴야 한다. 어렵고 추상적인 전문용어를 매니지먼트 관점에서 설명할 줄 아는 인재는 극소수다. 개발사에서 제공하는 기능이나 현장이 요구하는 기능을 그대로 수용해 개발하는 것을 문제 해결이라고 착각하는 사람도 많다. 개발을 시작하기 전에 그 기능이 진정으로 고객을 만족시키고 경영상 과제를 해결할 수 있을지를 고려하지 않는다면 정보시스템 도입은 예산 낭비, 시간 낭비로 끝날 공산이 크다.

기술은 정보를 담는 그릇일 뿐

2005년, 미국 서부의 IT 업계 'IT 버블'이라고 할 만큼 호황을 누렸는데 당시 드리커는 책이나 강연에서 이렇게 강조했다.

> IT에서 중요한 것은 'I'(정보, information)이지 'T'(기술, technology)가 아니다.

기술이나 엔지니어를 경시하는 의미가 아니다. 그는 전문성을 갖춘 기술자가 더욱 활약하는 사회를 예측했고 기대감도 컸다. 그와 동시에 기술자의 능력을 조직에서 잘 활용하려면 자사의 경쟁 우위, 생산성, 업무 보람을 높이는 데 필요한 '정보'가 무엇인지를 자문해야 한다고 강조했다.

《넥스트 소사이어티》에서 드러커는 다음과 같이 말했다(참고로 여기에 등장하는 CEO는 최고경영자를 비롯해 현장에서 리더십을 가지고 조직을 이끄는 매니저를 포함하는 표현이다).

"CEO는 컴퓨터 사용법을 결정하는 주체가 자신임을 인지하고 주어진 정보에 책임을 다해야 한다. CEO로서 어떤 정보를 가져야 하며, 누구로부터 어떤 형태로 정보를 얻어야 하며, 언제 사용해야 하고, 더 나아가 어떤 정보를 언제 누구에게 어떤 형태로 제공해야 하는지 지속적으로 자문해야 한다."

'어떤 정보를 가져야 하는가'에 대한 질문에 답하려면 먼저 자사의 경쟁우위, 고객가치, 직원의 동기부여와 같은 매니지먼트의 근본적인 물음에 답해야 한다.

1. 우리 사업의 사명은 무엇이며 고객에게 제공하고자 하는 가치는 무엇인가?
2. 이를 실현하는 데 필요한 자사의 경쟁우위 요소와 탁월성 및 발전시키고 싶은 강점은 무엇인가?
3. 이러한 강점을 발휘하기 위해 중요하고 신중하게 취급해야 할 정보는 무엇인가?
4. 이 정보를 효과적으로 활용하는 데 필요한 시스템 기능은 무엇인가?

위와 같이 순서대로 논의를 좁혀가다 보면 정보시스템 구축 시유행하는 기능이나 최첨단 기능을 과신하다 손해 보는 일은 줄어들 것이다. 정보시스템 구축은 매니저의 임무가 아니다. '고객을 지속적으로 창출하기 위해 이런 정보가 필요하다'는 명제를 명확하게 세우는 것이 매니저의 임무다.

언젠가 경영기획부 임원들을 대상으로 세미나를 개최했을 때 일이다. 참가자들에게 "여러분의 미션은 무엇입니까?"라고 물었더니 상당수가 "경영자가 의사결정을 하는 데 필요한 정보를 수집하고 분석해 경영 회의에서 제시하는 것"이라고 대답했다. 나는 다시 이렇게 질문을 던졌다. "한 해 동안 여러분의 조직에서 그 정보들을 활용해 어떤 의사결정을 했습니까?" 이 물음에 아무도 명쾌한 대답을 하지 못했다.

이 에피소드는 무엇을 의미할까? 회사 내에서 주고받는 정보와 의사결정이 유기적으로 연결되지 않는다는 사실이다. 경영진은 '그 정보를 어떤 의사결정에 활용할 것인가'라는 의식이 모호한 경우가 많다. 고객을 만족시키고 자사의 경쟁우위를 점하기 위해 어떤 정보를 취합하고 이 정보를 어떤 의사결정(의사결정을 하지 않는 경우도 포함)에 사용할지를 공유하는 조직이어야 정보시스템이 높은 성과를 올리는 데 이바지한다.

정보를 지식으로, 지식을 성과로 이끌어라

드러커 경영대학원 정보시스템 강의에서는 데이터와 정보 그리고 지식의 차이에 대해 자주 토론했다. 데이터는 그 자체로는 아무 의미가 없다. 예를 들어 고객 데이터베이스에 있는 고객명, 거주지 같은 내용 말이다. 그것이 '이런 장소에 사는 고객은 이런 물건을 구입한다'라는 단계에 도달해야 비로소 정보가 된다. 물론 여기까지 나온 정보도 중요한 의미가 있다. 그러나 여기서 한발 더 나아가 해당 정보에서 지식을 만들어 내지 못하면 정보화 시대에 살아남을 수 없다. '고객이 이 제품(서비스)을 구매했다'를 넘어 '고객이 왜 이 시기에 이것을 구매했는가?', '그 배후에 어떤 잠재 수요가 있는가?', '그 잠재 수요를 이끌어 낼 만한 방법은 무엇인가?'라는 지식까지 승화시켜야 경쟁우위가 생긴다.

사람들이 지식 매니지먼트 시스템이라고 말하는 것은 대부분 데이터 공유의 범위를 넘지 못한다. 그 나머지 중 극소수만이 정보의 공유로 넘어간다. 정보를 지식 수준으로 끌어올리는 일명 '지식 생성 시스템'을 구축하려면 어떻게 해야 할까? 기술 수준과는 별개로 조직 내에서 지식을 서로 자유롭게 교환하는 문화와 이 문화를 가능케 하는 커뮤니케이션이 전제되어야 한다. 이러한 환경을 조성하는 데 필요한 것이 바로 매니저의 리더십이다. 그러므로 매니저는 특정 정보에서 어떤 지식을 끌어낼 것인지를 명확히 알아야 한다.

데이터와 정보에서 지식의 단계까지 도달했다면 이제 지식을 구체적인 성과로 바꿀 차례다. 이 과정에서 빠질 수 없는 것이 사람 간의 커뮤니케이션이다. 비대면 회의가 증가한 요즘 커뮤니케

◈ 데이터, 정보, 지식의 차이

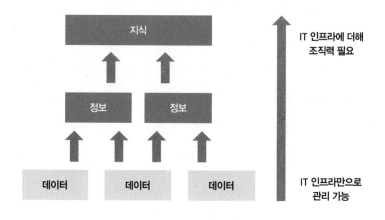

이션의 중요성은 날로 높아지고 있는 데 반해 기업들은 점점 커뮤니케이션하기 어렵다고 토로한다. 하고 싶어도 시간이 부족해서 못한다고 항변하기도 한다. 대체 커뮤니케이션이란 무엇일까? 커뮤니케이션을 향상시킨다며 무턱대고 대화나 인사를 강요할 필요는 없다. 물론 말을 주고받는 빈도가 늘어나는 건 나쁘지 않다. 대화하는 비중을 늘리다 보면 자연스럽게 솔직한 의견을 나눌 관계가 형성되기 쉽다. 하지만 그것으로 커뮤니케이션이 향상되는가 하면 꼭 그렇지도 않다. 비록 대화의 양이 적더라도 서로의 의도나 생각을 잘 이해하는 경우, 그것은 커뮤니케이션이 원활한 상태이며 업무를 진행하기 좋은 여건이라고 할 수 있다. 한 연

구 결과에 따르면 서로 존중하고 의도를 깊이 이해하는 관계에서는 오히려 대화의 양 자체가 많지 않다고 한다. 자주 대화하고 친밀하게 인사를 나누는 조직이라도 서로의 의도를 충분히 이해하고 있지 않다면 커뮤니케이션이 원활하지 않은 상태인 것이다.

결국 커뮤니케이션이 잘 되는지를 보려면 서로 의사소통이 잘 되는지를 물어야 한다. 그러려면 당연히 나와 상대의 의사가 무엇인지를 파악하는 것부터 시작해야 한다. 그것이 성공적인 커뮤니케이션의 첫걸음이다.

'지시'와 '소통'을 가르는 한 끗의 차이

데이터, 정보를 넘어 지식을 만들려면 무엇이 필요할까? 바로 의미 있는 커뮤니케이션이다. 타사가 모방하기 어려운 독창적인 지식을 탄생시키는 것은 결국 인간의 커뮤니케이션이자 의사소통이다. 여기에서는 매니지먼트 관점에서 커뮤니케이션이 무엇인지를 살펴보도록 하겠다. 드러커는 《매니지먼트》에서 커뮤니케이션을 이렇게 정의했다.

커뮤니케이션이란 지각, 기대, 요구이지 정보가 아니다.

이 문장에는 그의 조직관과 인간관이 명쾌하게 담겨 있다. 앞서도 이야기했듯이 정보를 주고받는 것만으로는 커뮤니케이션이라고 할 수 없다. 눈에 잘 보이는 정보를 주고받는 행위 자체는 정보 시스템을 이용하는 사람이라면 누구라도 가능하다. 드러커는 커뮤니케이션의 성패란 단순한 정보 교환이 아니라 지각, 기대, 요구라는 지극히 '인간적인 요소'로 결정된다고 주장했다.

정보를 주면서 누군가를 움직이려 해도 상대가 정보의 의미를 '지각'하지 못하면 커뮤니케이션은 성립하지 않는다. 아울러 커뮤니케이션은 상대가 '기대'하는 형식으로 행해야 한다. 여러 사람 앞에서 고압적인 말투로 지시하거나 허심탄회하게 대화를 나누자면서 사사건건 지적만 했다고 치자. 상대가 내 메시지가 받아들일 확률이 얼마나 될까?

더 나아가 진정한 커뮤니케이션은 상대에게 어떤 행동을 하도록 '요구'하는 것이다. 그러므로 상대의 성격이나 특성을 이해해야 한다. 내 입장에서는 잘 전달했다고 생각한 메시지를 상대가 제대로 받아들이지 않아 문제가 됐던 경험은 누구나 있을 것이다. '나는 분명 정보를 보냈다'고 상대를 탓해도 소용없다. 메일이나 메신저로 '나는 보냈으니 내 할 일을 다 했다'고 여기는 건 무책임한 태도다. "커뮤니케이션과 정보는 다르다. 정보를 주고받았다고 진정한 커뮤니케이션이 이루어진 것은 아니다."라고 한 드러커의 말을 새겨들을 필요가 있다.

아울러 그는 《매니지먼트》에서 이렇게 말했다.

커뮤니케이션은 받는 쪽에 무엇인가를 요구한다. 무엇이 될 것을, 무엇을 할 것을, 무언가 믿을 것을 요구하며 늘 그들의 마음에 호소하려고 한다. 커뮤니케이션은 받는 쪽의 가치관, 욕구, 목적에 합치할 때 강력해지지만 반대의 경우라면 전혀 받아들여지지 않거나 저항을 받는다. (…) 커뮤니케이션을 성립시키는 열쇠는 수신하는 쪽이 쥐고 있다. 듣는 자가 없다면 커뮤니케이션은 성립되지 않으며 소리는 의미 없는 음파에 머문다. (…) 커뮤니케이션을 행하려면 수신하는 쪽의 지각 능력 범위 안에서 이뤄졌는지, 수신하는 쪽이 받아들일 수 있는지를 생각할 필요가 있다."

기업 연수장에서 이 구절을 소개하면 경영진이나 매니저들 사이에서 몰랐던 사실을 깨우친 듯 탄식이 흘러나오기도 한다. 커뮤니케이션의 본질이 의사소통이라면 성패를 결정하는 사람은 내가 아니라 '상대방'이다. 당연한 얘기 같지만 우리가 일상생활에서 이를 얼마나 의식하고 살아갈까? 곰곰이 생각해 보면 우리는 자기중심적 태도로 커뮤니케이션한다. 자신이 하려는 말을 전달했어도 상대가 그 말을 수용하지 않으면 그저 '음파'가 나왔을 뿐이라고 지적한 드러커의 말을 명심하자.

특히나 상사가 부하 직원에게 자기중심적으로 이야기하는 경우를 자주 본다. 대답할 기회도 주지 않고 일방적으로 말하기, 눈을 마주치지 않고 자료를 응시하며 말하기, 난해한 용어를 사용해 알아듣기 힘들게 말하기 등 방식 또한 다양하다. 그런 모습을 볼 때마다 참으로 안타깝다. 둘 사이의 소중한 의사소통이 의미 없는 음파의 전달에 불과하니 말이다. 조직 입장에서 대단한 손실이 분명하지만 여전히 개선될 기미가 보이지 않는다.

역사상 유명한 리더 중에 중요한 교섭으로 성과를 내거나 사내외 복잡한 문제를 커뮤니케이션 기술로 해결한 사람들은 상대의 가치관, 욕구, 목적을 이해하고 행동한 경우가 대부분이었다. 커뮤니케이션의 성패를 결정하는 것은 발신자가 아니라 수신자다. 항상 이 점을 직시하고 상대에게 적합한 내용과 형식으로 전달해야 한다. 비대면 회의가 늘어나면서 정보가 신속하고 효율적으로 교환되는 요즘, 드러커가 강조하는 커뮤니케이션의 인간적 측면을 다시금 되돌아봐야 할 때다.

커뮤니케이션, 조직의 현실을 비추는 거울

매니지먼트에서 커뮤니케이션이 중요한 이유는 간단하다. 진정으로 의사소통하는 커뮤니케이션이 없다면 '조직'이라고 말할 수 없기 때문이다. 조직이란 결국 공통된 목표를 가지고 원활하게 의

사소통하는 사람들이 협력하고 성과를 올리는 집단이다.

그러므로 조직의 성과에 책임을 지는 매니저는 진정한 의사소통이 되도록 커뮤니케이션을 이끌어 가야 한다. 커뮤니케이션이 제대로 이루어지지 않는 조직에서 시스템이라는 도구에 투자 해 봤자 창조적인 지식은 탄생하지 않는다.

드러커는 《매니지먼트》에서 이렇게 말했다.

> 커뮤니케이션은 내가 너에게 전달하는 것이 아니다. 우리 중 누군가에게서 다른 누군가로 전달되는 것이다. 조직에서 커뮤니케이션은 수단이 아니라 조직의 모습 그 자체다. 이러한 개념은 우리가 과거의 실패로부터 배운 것이며 커뮤니케이션을 생각할 때 가장 중요한 기본으로 삼아야 할 결론이다.

'내가 너에게'와 '우리 중 누군가에게서 다른 누군가로'라는 두 문장의 차이점을 이해하겠는가? 미묘한 표현의 차이로 보이지만 실은 이 문장에 드러커가 설파한 매니지먼트 이론의 핵심이 담겨 있다. 요컨대 조직에서 함께 일하는 사람들은 개별적인 타인들이 아니라 공통된 목적을 지향하는 동지라는 뜻이다.

조직 내에서 커뮤니케이션이 잘되지 않는다면 자신과 상대를 동지로 생각하고 있는지 자문해 보기 바란다. 상대를 하나의 공동체 안에 있는 존재라고 생각하면 상대방에 대한 이해나 공감이

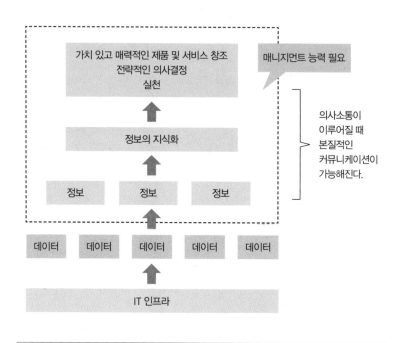

◈ IT를 활용해 지식을 창출하는 조직의 커뮤니케이션

전혀 달라진다. 지각, 기대, 요구라는 인간적인 맥락 속에서 의사
소통이 가능해진다. 단숨에 거리가 가까워지진 않겠지만 한 걸음
씩이라도 상호 이해가 이루어진다. 이것이 바로 드러커가 알려 주
고자 했던 커뮤니케이션의 본질이다.

위의 그림처럼 조직은 IT 기술을 활용해 데이터를 축적하고 이
중 유효한 정보를 조립한 다음 양방향 커뮤니케이션을 통해 지식
으로 전환한다. 이 지식은 고객을 만족시키는 기업의 독자적인 제

품이나 서비스 창조로 이어진다. 일련의 프로세스를 설계하고 실천하려면 매니저의 능력은 필수다.

드러커 경영대학원의 IT 강의에서 내가 배운 것은 다음의 두 가지다. '보조적인 수단에 불과한 기술에 과도하게 의존하는 경향을 경계할 것', '매니지먼트 관점에서 기술이 조직이 추구하는 본래의 목적에 어떻게 기여할지 고민할 것'. 사업 목적과 고객가치를 규정하고 조직과 인재의 생산성을 향상시켜 성과를 올리는 매니지먼트의 역할은 기술의 개발과 도입에서도 예외가 아니다. 중요한 과제는 기술이 이 역할을 어떻게 제대로 구현할 것인가다.

매니저는 우수한 기술자의 지식과 기술을 조직의 성과로 연결시킬 책임이 있다. 기술자와 매니저가 공통의 언어로 상호 이해를 높이고 협력할 때 비로소 경영과 기술이 융합된 강하고 창조적인 조직이 탄생할 것이다.

내일을 만드는 방법론으로서의 경영

내가 이 책에서 전하고자 했던 내용을 요약하자면 이렇다. 매니지먼트란 의미 있는 목적을 실현하기 위해 사람들을 움직여 구체적인 성과를 올리는 방법론이다. 매니지먼트는 관리보다 창조에 관한 일이며, 기계적인 측면 이상으로 인간적인 측면이 요구되는 일이다. 기업부터 비영리 조직, 학교, 스포츠팀, 자원봉사단체, 가정에 이르기까지 사람이 모인 곳이라면 어디에서나 매니지먼트를 활용할 수 있다.

매니지먼트를 관리가 아닌 창조로 인식한다면 인간이 본래 가진 자질이나 강점을 끌어내 활용하는 데 집중해야 한다. 사람의 강점을 살리지 않으면 새롭고 매력적인 가치는 생기지 않기 때문이다. 또한 가치를 창조하기 위해 매니저는 사회 변화와 요구에 민감하게 안테나를 세워야 한다. 조직 내부를 벗어나 조직 외부로 눈을 돌려 고객 그리고 세상과 대화를 나누면서 기회를 잡아야 독자적인 제품이나 서비스를 만들 수 있다.

> 매니저는 어제를 지키는 데 시간을 많이 쓰면 안 된다. 내일을 만드는 데 더 의식을 쏟아야 한다.

드러커가 전 세계 사람들에게 여러 차례 강조했던 메시지다. 우리는 매니지먼트를 통해 과거에서 현재까지 이뤄 온 성공을 유지하고 관리할 뿐 아니라 미래를 창조하는 일에 시간과 에너지를 사용할 수 있다.

결국 인간만이 할 수 있는 일

"기술이나 기법이 아무리 진화해도 마지막에는 인간만이 할 수 있는 일이 가장 중요해진다."

드러커는 늘 인간을 강조했다. 오늘날은 산업 자본이나 재무 자본보다 인간이 가진 지식이나 아이디어 등 지식 자본이 중요한 시대다. 따라서 매니지먼트의 주역은 인간이다. 인공지능을 비롯한 IT 기술이 발달하면서 수많은 사람이 번거로운 수작업에서 해방되었다. 그 결과 자유로운 발상, 열정, 즐거움, 감성, 배려, 사명감, 윤리의식과 같은 인간적인 요소가 더욱 중요해졌다. 여러분이 비즈니스의 현장에 있다면 이를 실감할 것이다.

IT 기술이 비약적으로 발달하면서 기업이나 소수의 권력자가 더 이상 정보나 의사결정을 통제하기 어려워졌다. 이제는 지식 노동자들 스스로 일하는 방식이나 성과를 올리는 방식을 결정하고 경제를 움직이는 시대다. 따라서 한 사람 한 사람이 교양 과목으로서 매니지먼트를 배우고 기술을 올바른 방향으로 활용해 세상에 긍정적인 영향을 끼쳐야 한다.

질문의 경영학자, 피터 드러커가 묻는다

드러커의 경영학은 '질문의 경영학'이라고 해도 과언이 아니다. 그는 학생들에게 이렇게 가르쳤다.

> 경영에서 가장 중대한 잘못은 틀린 답을 내놓는 것이 아니라 잘못된 질문에 답하는 것이다.

우리가 드러커의 매니지먼트 이론이나 경영학을 배우는 의미는 유효한 질문을 하는 힘을 키우는 데 있다고 생각한다. 상황에 따라 적절한 질문을 던져서 현상을 탐구하고 사람들의 에너지를 옳은 방향으로 이끄는 일은 오직 인간만이 할 수 있다. 그리고 조직에서 이를 가장 적극적으로 실천해야 하는 사람이 매니저다.

"우리의 사업은 무엇인가?"

"고객의 가치는 무엇인가?"

"사람의 강점을 어떻게 끌어낼 수 있는가?"

"사회에서 일어나는 중요한 변화는 무엇인가?"

이러한 질문에 대한 답을 찾아가는 과정에서 새로운 물음이 꼬리를 물고 이어질 것이다. 자신이 올바른 질문에 답하고 있는지 늘 자문하면서 일상 업무에서 작지만 중요한 의사결정을 거듭해 나가는 것은 기계가 아닌 인간, 특히 매니저만이 할 수 있는 일이다.

일과 삶의 생산성을 높이기 위하여

요즘 매니저의 일을 맡으려는 사람이 부족하다는 이야기를 자주 듣는다. 스트레스가 많다, 업무가 힘들다, 사람들을 다루기 어렵다 등등 이유는 다양하다. 재택근무가 늘면서 매니저의 역할이 줄어들었다고 말하기도 한다. 물론 사람이나 업무를 관리하는 비중은 줄어들지 모른다. 스케줄 조율부터 정보 수집까지 스마트폰 하나만 있으면 직원 스스로 모든 것을 할 수 있는 시대이니 말이다.

하지만 드러커가 말하는 매니저의 역할은 앞으로 더욱 필요해질 것이다. 물리적으로 떨어져 있는 사람, 국적과 문화, 환경이 다른 사람과도 커뮤니케이션을 통해 공통의 사업 목적을 이해하고 장점을 살려 성과를 올리는 것이 매니저의 역할이기 때문이다. 이러한 역할을 수행할 수 없다면 조직에서 불필요한 고비용 인력이 될 뿐이다. 매니저는 사람과 조직을 살려 성과를 올리는 사람이자 일을 통해 사람의 행복에 공헌하는 사람이다. 그만큼 배워야 할 것도 많지만 스스로 크게 성장할 수 있다. 드러커는 매니저에게 꼭 필요한 자질은 지성이 아니라 성실함이라고 말했다. 우리가 어떤 일을 시작할 때 품었던 목적과 열정은 지극히 단순했을 것이다. 복잡한 방법론에 현혹되지 말고 꾸준히 그리고 성실하게 좋은 일을 하고 싶고 고객을 기쁘게 만들고 싶었던 초심으로 돌아가면 성과는 저절로 따라올 것이다. 마지막으로 《경영의 실제》에 담긴 드러커의 말을 인용하며 이 책을 마무리하고자 한다.

> 매니지먼트란 사업에 생명을 불어넣는 역동적인 행위다. 리더십이 없다면 생산 자원은 단순한 자원에 그치며 실제 생산은 일어나지 않는다.

이 책을 통해 오늘도 사업 현장에서 고군분투하는 매니저 여러분이 역동적인 내일을 만들기 위한 힘을 얻기를 기원한다.

이 책은 많은 분의 도움 덕분에 완성될 수 있었다. 경영과 매니지먼트의 세계를 탐구하는 내 여정을 지지해 주신 분들에게 감사를 전하고 싶다.

먼저 드러커 경영대학원에서 만난 훌륭한 은사님들께 감사를 전한다. 고인이 되신 피터 드러커 교수와 최고의 동료였던 조셉 마시아리엘로 교수에게 진심으로 경의와 감사를 전하고 싶다. 이분들 덕분에 매니지먼트라는 소중한 주제를 만날 수 있었다. 입학부터 지금까지 리더십과 매니지먼트에 대해 소중한 가르침을 주신 진 립먼블루먼 교수, 야마와키 히데키 교수, 제러미 헌터 교수에게 감사드린다.

함께 배우며 매니지먼트의 원칙과 실천 사이의 딜레마를 고민하며 토론하고 성장한 드러커 경영대학원 졸업생 동료들에게도 감사를 전한다. 졸업 후 여러 사업과 프로젝트에 참여하면서 사회에 가치를 전할 수 있음에 감사한다.

출판사 여러분에게도 진심으로 감사드린다. 이 책의 목적에 공감하고 정확한 조언을 해 준 덕분에 원고를 즐겁게 완성할 수 있었다.

비즈니스 현장에서 만난 수많은 매니저 분들에게도 감사드린다. 여러분의 노고 덕분에 이 책에 매니지먼트에 관한 생생한 조언이 담길 수 있었다.

마지막으로 유학을 결심했을 때부터 졸업까지 한결같이 지지하고 응원해 준 가족에게 이 책을 바친다.

후지타 가쓰토시